AF359559

HISTOIRE

DE LA

MOUCHE COMMUNE

DE NOS APPARTEMENS.

PAR L'AUTEUR

DES

NOUVELLES DECOUVERTES

DANS LE REGNE VEGETAL,

avec quatre Planches enluminées.

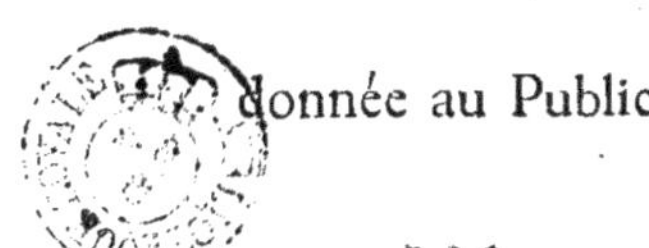donnée au Public

par

JEAN CHRISTOFLE KELLER,

Peintre à Nuremberg.

MDCCLXVI.

Les mouches communes de nos appartemens font les plus connües de tous les infectes, et fouvent en été et en automne une compagnie très incommode de l'homme, lorsqu'elles fe trouvent en grand nombre dans fes appartemens, dans fes chambres, et fur fa table. Peu d'hommes favent pourtant, que ces petites bêtes, qui voltigent à l'entour de leur tête, ont rampé ci-devant fous leurs pieds en forme de vers. Ceci n'eft plus un myftère pour les Phyficiens depuis long-tems; cependant ils ont manqué pourtant de faire des recherches exactes fur cette mouche, la plus commune. Hook eft le feul obfervateur, autant que je le fai, qui nous en a donné une repréfentation en grand et veritable. Schvvammerdam, Frifch, de Réaumur, et Roefel n'ont fait leurs obfervations, que fur la mouche bleüe de la viande, et fur quelques autres éfpeces; mais à l'égard de la mouche commune de nos Appartemens, l'on ne trouve que très peu dans Schvvammerdam et Réaumur, et rien du tout dans les deux autres Phyficiens. Il n'en faudra pas tant chercher la raifon dans le defaut de leur bonne intention, que dans la conftruction incommode de leurs Inftrumens Microfcopiques, qui n'étoient pas faits, pour pouvoir examiner avec jufteffe cet infecte opaque. Il eft presque impoffible de fe fervir du Microfcope de Wilfon, dans ces fortes d'obfervations. Comment pourroit-on faire entrer dans la boëte au vis une mouche entiére fans l'écrafer? Et en cas, que cela fe pût, que verroit-on, fi non une maffe veluë et opaque? Auffi le feul Microfcope à compas ne fuffit-il pas, comme les obfervations fur la mouche de Mr. Ledermüller dans la troifiéme cinquantaine de fes Recréations le prouveront, lorsqu'on voudra les comparer avec les miennes. Je fuis trop affuré de l'exactitude de Mr. Ledermüller en fait d'obfervations, pour attribuer les irrégularités, qui fe trouvent dans fes figures à une autre raifon, qu'à l'infuffifance de fon Microfcope à compas, duquel il ne s'eft fervi que dans la troifième Cinquantaine de fes Recréations, et particuliérement pour l'obfervation de la mouche. Je

A 2

laiffe-

laifferai donc aux Obfervateurs et connoiffeurs exercés, qui ne font guidés
par aucune partialité, la liberté de decider, fi je leur propofe une chofe, qui ci-
devant a été affés expliquée par d'autres, et dont par confequent mon explication eft fuperfluë, ou bien fi je leur donne quelque chofe de nouveau, qui
n'a été decouvert jusqu'ici, d'où ils jugeront, combien ma façon de groffir
les objèts me mêt en état de faire des obfervations plus exactes, que les autres n'en ont fait de la leur.

On n'a qu'à fuivre des yeux les mouches, pour s'appercevoir, que les
48. éfpeces, dont Goedart a fait la collection, n'en déterminent point à
beaucoup près tout le nombre. La création a de même ici des bornes, que
l'efprit humain n'atteindra jamais. Il eft très aifé de s'en convaincre, lorsqu'en
fe promènant en printems, en êté ou en automne, on veut donner quelque attention aux diverfes éfpeces de ces infectes, qui fe trouvent dans les jardins,
dans les champs et dans les bois. Il n'arrivera que très rarément, qu'en fe pro-
ménant quelques heures avec cette attention, fur tout lorsque le foleil luit, que
l'on ne découvre quelque nouvelle éfpece de mouche. Mais l'on trouvera le
plus fréquement la préfente éfpece commune, qui féjourne auffi bien fur le
feuillage des arbres, dans les forêts et dans les jardins, que dans les étables et
dans les appartemens. Les mouches de cette éfpece, qui reftent, fans que le
froid de l'hyver les ait fait perir, font leur féjour dans les étables et dans les
appartemens continuellement chauffés. Le foleil perce à peine en printems le
fombre nuage, que l'on trouve ces créatures animées fur les places, fur lesquel
les le foleil donne au bas des murailles extérieures des maifons.

Comme leurs oeufs ont la propricté de s'affaiffer bientôt, et de fe gâter fur
une place feche, la nature a enfeigné à la mouche mere, lorsqu'elle veut pondre
fes oeufs, de choifir des places pourvûes d'affés d'humidité, pour les y pouvoir
dépofer avec fureté. Elle parvient à un double bût par cette action. Outre
que

que l'humidité garantit l'oeuf contre l'exficcation, elle fert auffi de prémiére
nourriture au ver, qui en fort. C'eft peut-être la raifon, que la plûpart des
mouches naiffent dans les étables, dans les marais croupiffants, dans la fiente,
en un mot, dans la putrefaction et dans la puanteur. C'eft pourquoi, lorsqu'au
mois de Janvier je voulus faire de certaines recherches fur le fégle, et que pour
cet effet j'en remplis un poudrier d'une grandeur affés confiderable, que j'arro-
fai d'eau jusqu'au point, que les grains enfin devinrent noirs, pourris et puants;
je découvris pourtant, fans avoir eû auparavant une feule mouche dans mon appartement, une quantité de ces vers de mouches dans mon poudrier, qui m'ont
fourni la prémiére occafion de faire les préfentes récherches. J'ai vû par après,
que les mouches fémelles lorsqu'elles font preffées de depofer leurs oeufs, s'ac-
commodent aifément de chaque morceau de viande, d'une petite tranche de
melon, d'un vieux bouillon &c. puisqu'en ma préfence elles confioient leurs
oeufs à des pareilles chofes.

Il eft très aifé de diftinguer la mouche fémelle d'avec la mouche mâle.
En général elle eft plus groffe que celle-ci. Son çorps eft plus gonflé, d'u-
ne couleur plus claire, et lorsque la mouche eft prête à depofer fes oeufs,
le corps eft transparent au point, que l'on peut voir au travers des deux
côtés les oeufs couchés les uns vis-à-vis des autres.

Pour donner une repréfentation de la veritable groffeur des oeufs de
mouche, j'en ai repréfenté quelques uns *Pl. I. Fig.* 1. comme ils font po-
fés les uns près des autres fur les grains du Ségle pourri, et je les ai repréfenté *Fig.* 2. groffis au travers d'une loupe très mediocre. Il eft vrai, que
ces petits tas confiftent toujours en plufieurs rangs d'oeufs couchés les uns
fur les autres, mais comme dans cette obfervation il n'y avoit pas moyen
de les repréfenter affés diftinctement, je me fuis borné à une feule couche. La
peau ou la coque d'un pareil oeuf *Fig.* 3. eft tendre, unie, elaftique, et auffi
blanche et luifante, que la nacre de perle. A la partie antérieure ou pointüe l'on
voit quelques duvets annulaires, mais qui ne font vifibles que fort peu, avant
que le ver, qui y eft caché, en forte. A l'ordinaire le ver fort vingt quatre heures après que l'oeuf eft pondu, et fi les oeufs font expofés à la lueur du foleil,
tout au plus tard en douze heures. Environ une demi-heure avant que cela
arrive, les fus-mentionnés duvets annulaires deviennent vifibles fur l'oeuf.
Bientôt après l'on s'apperçoit d'un mouvement, qui fe fait en roulant, ou plutôt en ondoyant, et immediatement après l'on voit l'ouverture de l'oeuf à fa
pointe, et enfin le ver même. Sa prémiére entrée dans le monde lui eft très
penible. Peut-être les trois ou quatre minutes, que le ver employe pour fe
delivrer de la coque font autant de jours pour lui. Mais comme les derniers
anneaux furpaffent bien de quatre ou cinq fois le diamétre des premiers, il eft
très aifé à comprendre, que l'ouverture étroite pour la tête doive bien être trop

B   petite

petite pour les anneaux fuivants, furtout puisque le ver, auffitôt qu'il a quitté la coque, devient plus gros d'un tiers que l'oeuf. A mefure, que l'oeuf fe vuide, il s'affaife, et refte en forme d'une peau blanche. Le ver vient au monde avec fon crochet à la tête, avec lequel il a probablement percé l'oeuf. Il montre plus d'agilité en fortant, qu'il n'en a à l'age de quelques jours, et fa peau eft extrémement fine et transparente, c'eft pourquoi les veines, que l'on voit au travers, la font paroître grife. Le corps du ver entier *Fig* 4. et 5. confifte en douze anneaux y compris la tête. Le plus petit en eft la tête, qui eft armée du petit crochet écailleux fus-mentionné *a*. et dont la pointe eft dans un mouvement continuel, qui le fait entrer et fortir. Ce crochet eft renfermé dans un fourreau dentelé par dévant, et qui lui fert de machoire. Ce fourreau eft vifible au travers de la peau des premiers anneaux, il eft écailleux autant que le crochet, et un dans mouvement continuel avec celui-ci. *Fig.* 8. fait voir cette machoire et le crochet très groffi, et *Fig.* 9. en grandeur naturelle. Lorsque l'on a envie de voir cette machine entiére, il faut emporter la calotte d'une coque *Fig.* 13. C'eft alors, que l'on la trouve telle, qu'elle eft, quand le ver s'en eft depouillé *b*. Le ver de la mouche bleuë de la viande et de la petite mouche du vinaigre a de pareilles machoires et crochets, comme tous les vers, mais les derniers font doubles dans ces deux éfpeces auffi bien, que dans plufieurs autres.

Le bout du dernier anneau du ver eft applati et tronqué. A fa partie fupérieure il fe trouve deux ftigmates rougeâtres *Fig.* 5. *c. c.* à l'egard desquels Mr. Frifch fe trompe, lorsque dans le ver de la mouche de la viande il les prend pour les yeux de la mouche future, tandis qu'ils ne font autre chofe, que les extrémités des deux trachées, qui avec leurs nombreux rameaux font vifibles au travers de la peau du ver. Ces vaiffeaux en forme de filets tirent leur origine près du troifiéme anneau *Fig.* 5. *d d.* d'autres ftigmates, qui font deployés en éventail, d'une couleur jaune, et dont l'origine confifte en fept petits boutons. Derriére cet eventail deployé l'on voit fur le tuyeau une petite ouverture, qui devroit être neceffairement deftinée à donner l'iffue à l'air, s'il étoit affuré, que ces vers l'infpirent, par le ftigmate de derriere *, comme les autres vers. Les effais de fuffocation que j'ai faits avec beaucoup de vers, et dont je parlerai plus au long dans la fuite ne m'ont rien appris de pofitif là deffus. Cependant je me vois obligé tant par la fituation que par la forme de ces ftigmates de faire la conclufion, que le ver ne tire pas l'air par derriére, mais par devant, felon la regle plus genérale.

Comme il falloit deffiner ici le ver *Fig* 5. et par conféquent auffi les ftigmates *c. c.* plus petits, qu'ils n'auroient dû l'être à proportion de ce groffiffement, et que par là leur couleur et leur forme n'étoient vifibles, qu'indiftinctement, je les ai repréfenté très groffis *Fig.* 7. pour faire voir leur bel arrangement. Il me paroît que les trois duvets rouges, qui font placés en forme de ferpent fur

les

---

* Hift. des Infectes Tom. III. Part. II. pag. 115. Edit. d'Amfterdam.

les deux éminences, font deftinés à couvrir les ouvertures, qui fe trouvent par deffous pour le paffage de l'air, ce qui devient d'autant plus probable par les féparations articulées de ces duvets, là où ils font peut-être féparés les uns des autres. Mais il ne fera pas aifé à determiner la fonction des deux ftigmates plus petits, qui font placés l'un vis-à-vis de l'autre.

L'on voit entre les deux trachées fous la peau deux filets bruns *g*, dont le mouvement ne ceffe pas, encore que toutes les autres parties du ver foient en repos. Ce mouvement continuel approche tantôt ces deux filets l'un de l'autre, et tantôt il les écarte. Je ne crois donc pas me tromper, lorsque je les prends pour les deux lobes du poumon du ver. L'on voit au travers de la peau vers le corps plufieurs petits vaiffeaux dans un mouvement convulfif. A la partie inférieure des anneaux il fe trouve de petits duvets velus *f*, qui fervent de pieds au ver, et fur lesquels il avance, après s'être accroché à l'aide de fon crochet *a*. La demarche du ver eft très mal affurée, et il a plûtôt l'air de fe rouler, que de ramper. La partie inférieure du dernier anneau *ff* eft plus pendante, que celle des autres, puisque c'eft ici, que fe trouve l'anus du ver.

L'on ne peut pas découvrir les yeux des vers. Mais affurément ils n'en manquent pas, puisqu'ils fuient la lumiére, et qu'ils tâchent avec précipitation de fe cacher dans le bled pourri auffitôt que l'on expofe à la clarté du jour le verre, fur la furface interieure duquel ils rampent à l'ombre.

Les forces vitales de ces vers nous peuvent fournir l'occafion de faire encore quelques réflexions. Cette vermine paroît être faite pour fupporter des incommodités, qui coûtent la vie aux autres infectes. J'ai non feulement huilé leurs ftigmates, fans que cela leur ait fait le moindre dommage, ce qui étouffe pourtant une chénille dans le même inftant, mais auffi je les ai vû vivre pendant fept à huit heures dans un verre au deffous de l'huile de la hauteur d'un demi-Pouce. J'ai trouvé même un jour un ver, qui y avoit démeuré pendant douze heures, et qui dans l'huile s'étoit métamorphofé dans une crifalide ordinaire, mais qui ne fit fortir point de mouche. Ils l'ont foûtenu auffi long-tems contre l'eau et contre l'eau de vie la plus forte, et après que je les en eûs forti, quand même ils paroiffoient tout à fait fans vie, ils marchérent avec beaucoup d'agilité dèsqu'ils commencérent à fe fecher. Il n'y a que l'ennemi genéral de tous les infectes, favoir la Therebinthine, qui les a tué dans une demi-heure, après que je la leur eûs appliqué. Surément c'eft une vie plus que gigantesque dans le corps d'un ver. Mais non obftant la force, qu'ils montrent dans ces expériences, ils font pourtant très foibles, lorsqu'il s'agit de refifter au froid ou à un tems rude, qui les tue en très peu de tems.

Auffitôt que le ver eft parvenû à fa parfaite grandeur, favoir à celle de la 4me Fig. il eft propre à fe métamorphofer, ce qui arrive à l'ordinaire le 15me ou le 16me jour de fon âge. C'eft alors, qu'il cherche à fe cacher, et peu d'heures après on le trouve en forme de crifalide, comme d'un corps fans vie. Le ver fait fa coque de fa propre peau, et puisqu'il ne s'en dépouille jamais, de la même peau, qu'il avoit en fortant de l'oeuf. Du commencement cette crifalide eft d'un jaune pâle, et ce n'eft qu'après quatre ou cinq heures qu'elle eft d'un rouge foncé.

Le ver étant prêt à fe métamorphofer, refte quelque tems fans faire aucun mouvement. Alors il rétire en dedans les deux anneaux les plus antérieurs de même façon, que l'on tourne fouvent les doigts en ôtant les gands. Il en nait un petit enfoncement *Fig.* 11. *g*, que l'on voit dans un petit cercle noir, entre les fept petits boutons eminents des deux ftigmates antérieurs *e. e.* Les deux anneaux fuivants forment alors la calotte de la crifalide, *h. h.* et les huit autres en forment le corps. Mais à mefure, que le ver rétire en dedans les deux anneaux antérieurs, il fait en même tems fortir le dernier anneau tronqué, et s'arrondir; ce qui donne une figure ovale à la crifalide. Ces crifalides n'ont pas toutes la même grandeur, puisque les vers ne l'ont pas non plus. Cependant la différence n'eft pas trop remarquable. Probablément c'eft des grandes crifalides, que proviennent les mouches fémelles, et des moins grandes, que fortent les mouches mâles. Lorsque l'on prend entre les doigts une de ces crifalides, tandis qu'elles font blanches, la peau du ver eft encore molle et fouple. Mais elle s'eft deja endurcie deux ou trois heures plus tard, et a pris une couleur rouge claire, mais qui en moins de fix heures devient tout à fait foncée. *Fig.* 10. fait voir cette crifalide dans fa grandeur naturelle, et *Fig.* 11. la montre groffie.

Tant que l'on obferve le ver tel qu'il eft, il eft impoffible de voir les pores de la peau, et ils ne font vifibles qu'à la crifalide fur les plis endurcis de l'anneau, en dehors *Fig.* 11. et en dedans *Fig.* 13. Au bout de la crifalide fur le dos l'on voit encore les ftigmates *k. k*, qui ont pris à préfent une couleur foncée et noire. Du côté interieur l'on voit l'anus *Fig.* 15. *l.* Les prémiers jours après la metamorphofe j'en ai vû fouvent fortir une matière liquide, qui s'endurcit dans la fuite, et qui probablement eft le refte des excréments, que la crifalide rend encore. Le mouvement ceffant du ver et la chaleur de la nymphe ont changé maintenant la peau du ver dans une écaille auffi liffe et auffi dure, qu'il faut appliquer la pointe d'une aîguille avec force, pour l'empecher de gliffer, et par là c'eft une enveloppe affurée pour la nymphe, qu'elle renferme. Dans cet état l'on prendroit plutôt la crifalide pour une éfpece de femence, que pour l'habitation d'un être vivant. Elle paroît fans aucune vie, tandis qu'elle en eft remplie. L'on pourroit même avec Redi lui donner le nom d'oeuf, et la prendre pour tel, fi pendant les prémiers deux jours l'on en emporte la coque, comme je l'ai fait plufieurs fois à l'aide d'une aiguille fine, puisqu'on y trouve un oeuf oblong, blanc et mou, qui eft la nymphe encore fans forme, emmaillotée

maillottée dans une peau très fine, et dont la substance ressemble à du lait caillé.
Il est pourtant très aisé de revenir de cette erreur, qui fait prendre la crisalide
pour un oeuf, si l'on ouvre une crisalide de deux ou trois jours plus tard, où
l'on decouvre la nymphe, qui a dejà commencé à se devélopper *Fig.* 14. Les
yeux y sont encore sans couleur, cependant ils sont formés aux deux côtés de
la tête.   En revanche l'on est récompensé de la peine, que l'on employe à
ouvrir la crisalide, par une découverte, qui ne sauroit étre faite en aucun autre
tems, que celui, où la nymphe ne s'est ni plus ni moins devéloppée, et qui, autant que je sai, n'a été faite jusqu'ici par aucun Physicien, ni même par Mr. de
Réaumur. Ce sont deux petites parties *m. m.* en forme de petites jattes, pour-
vuës de couvercles couleur d'orange, du milieu desquels s'éleve une pointe
très fine, et qui sortent des deux côtés du corcelet, à côté du col. Mais quel
étoit le dessein de la nature lorsqu'elle y plaça ces parties, et que deviennent-
elles dans la mouche, où elles ne sont plus visibles ? J'ai trouvé la réponse sur
cette question dans la continuation de mes récherches. Je cherchois ces petites
jattes dans les crisalides d'un âge plus avancé, où elles avoient pris une autre
forme, savoir celle d'un entonnoir, et je les perdis tout à fait de vûe dans les
nymphes, qui étoient prêtes à sortir. Je les ai représenté dans cette derniere
forme *Fig.* 18. *Pl. I.* derriére la tête à la partie supérieure du corcelet, quoique
ce ne soit plus dans ce tems, savoir l'onziéme ou le douziéme jour après la
metamorphose du ver, qu'elles sont visibles, mais de beaucoup plûtôt, et dés
alors, que les yeux ont commencé à être teints. J'aurai l'occasion d'en parler
plus au long, lorsque je ferai la description de la mouche et de ses parties.

Nous avons vû, que le ver se transforme en crisalide le quatorziéme ou
le quinziéme jour après être sorti de l'oeuf.   Il faut autant de jours à la
nymphe, pour se développer en mouche. Ce terme échû la mouche ouvre
sa prison étroite d'une maniére extraordinaire, que nous allons bientôt connoître de plus près. Mais lorsque la crisalide manque de chaleur externe, la sortie
de la mouche en est rétardée. J'ai observé cela dans les crisalides, que j'avois
mises dans un verre, et placées à la cave, selon les expériences remarquables,
que Mr. de Réaumur a faites sur les crisalides de chenilles *, où elles n'ont été
ouvertes par les mouches, que le vingt - et uniéme ou le vingt - et deuxiéme
jour après la métamorphose. Cela se fit en été. Peut - être auroit - on pû les
conserver plus longtems en hyver dans un endroit plus froid. Car la metamorphose est retardée par la transpiration empechée, comme l'augmentation l'avance, pour laquelle nous avons vû les ouvertures dans la coque de la crisalide
Fig. 11. et 13. Ces pores sont construits sans doute de façon à ne point donner
aisément entrée à aucune humidité, de même que la structure entière de la crisalide paroit être faite pour resister à la plus part des injures de l'air, qu'elle
soit couverte ou découverte, exposée à l'air, ou cachée dans les coins des
maisons et des étables.

C

Un

* Hist. des Insectes Tom. II. Part. I. pag 10. sq.

Un ou deux jours avant que la mouche forte de la crifalide, on la trouve, en ouvrant la coque, dans une attitude très artificielle, et elle paroit prèsque empaquêtée *Fig.* 15. Les yeux, les antennes, la trompe avec toutes fes parties, le corcelet, le corps et les jambes font dejà entiérement formées. On parlera dans la fuite plus en détail de toutes ces parties, et je me contenterai de remarquer ici, qu' à préfent la peau de la nymphe n'envéloppe plus la mouche, mais qu'elle en eft feparée. Lorsque l'on preffe la crifalide un peu entre les doigts, l' on voit monter entre la peau et la mouche une matiére liquide, comme de l'eau claire *n. n.* dans laquelle la mouche paroit nager. Il faut donc que la tranfpiration, de laquelle nous avons parlé ci - deffus, faffe plus fortir les humidités, qui fe trouvent entre la peau du ver, laquelle à préfent eft la coque de la crifalide, et la peau de la nymphe, que celle, qui fe trouve au deffous de la peau de la nymphe, vû qu'elle y eft encore fi tard. Cela nous difpofe à croire, que la transpiration pourroit bien avoir quelque part à la métamorphofe de la nymphe en mouche, mais peut - être moins, qu'une douce fermentation, et qu'en plaçant les crifalides dans des endroits froids, on ne fait qu'empecher l'évacuation des humidités entre les deux peaux, ce qui eft caufe, que faute de place, la féparation de la peau de la nymphe ne puiffe fe faire. il ne nous eft pas permis de penétrer plus avant dans ce myftére. La mouche, à laquelle je donne à préfent ce nom, puisque felon que nous venons de voir, elle a quitté fon vêtement de nymphe, donne maintenant toutes les marques de vie, tandisque dans ce tems, où on lui voyoit les petites ftigmates couleur d'orange, *Fig.* 14. *m. m.* elle n'en donnoit aucun figne.

Mais à préfent j'en viens à un phénoméne très rémarquable dans cette récherche. C'eft la maniére de laquelle la mouche ouvre la crifalide. Comme Mr. de Réaumur, qui pourtant fe connoiffoit en bien des myfteres de la nature, en voyant cela la prémiére fois, s'eft exprimé par les paroles fuivantes „ *Je fus donc furpris, et je dus l'etre, lorsque je vis des mouches, qui gonfloient et qui* „ *contractoient leur tête alternativement,* „ j'ofe bien dire après lui, qu'il m'a parû très extraordinaire et furprenant, de voir tantôt la tête de la mouche fe changer en veffie, et tantôt la veffie fe changer en tête de mouche. La nature n'a point pourvû cet infecte de dents ou de quelque autre inftrument dur, pour percer fa coque, en revanche elle a conftruit fa tête d'une maniére auffi finguliére, qu'elle peut s'allonger, fendre la calotte de la crifalide, et s'en defaire. Auffitôt que l'on emporte à l'aide d'une aiguille la calotte *Fig.* 11. *b. b.* d'une crifalide âgée de douze ou de treize jours, et que la mouche fe reffent de l'air externe, elle fait monter en forme d'une veffie fine *Fig.* 15. la tête, qui auparavant fe terminoit encore en pointe, et trahit par là fon fecret artifice, par lequel elle auroit ouvert la porte de fa prifon de deux jours plus tard. C'eft donc ce premier coup, qui fend la calotte de la crifalide en deux parties. A l'ordinaire ce n'eft qu'une moitié, favoir l'inférieure, qui tombe, il

arrive

arrive pourtant, que l'une et l'autre tombe en même tems. J'ai reprſenté une telle coque de criſalide ouverte par la 12ᵐᵉ Figure, qui la fait voir un peu plus grande, que nature. Le prémier coup de la tête gonflée eſt ſuivi de mou‑vemens beaucoup plus violens. Tantôt la tête ſe gonſle au point, qu'elle pa‑roit toute préte à crèver, Pl I. Fig. 16. tantôt elle ſe contraƐte Fig. 15 tantôt la veſſie diſparoit entiérement, lorsqu'elle ſe retire en dedans, comme une bour‑ſe, que l'on a envie de tourner. Tous ces mouvemens ſe ſuivent avec la plus grande vîteſſe, par ce que la mouche fait tous les efforts poſſibles pour ſe dé‑faire de ſon envéloppe, et pour ſe mettre en libérte. Cependant c'eſt ici de même, qu'il lui faut le ſecours de l'air, du jour, et du ſoleil. C'eſt par cette raiſon, que dans le beau tems j'ai vû les mouches ſortir de la criſalide, presque dans un moment, et s'en voler, tandisque dans un tems ſombre et mauvais; quoiqu'elles fuſſent dans des appartemens echauffés, elles ont employé bien quatre à cinq heures, pour achever ce travail penible, et peut‑être doulou‑reux. Mais d'au delà de cent criſalides, que j'avois conſervées ſucceſſivement dans des verres, pour faire mes obſervations, il n'y avoit pas une ſeule mou‑che, qui eût risqué d'entreprendre ſon entrée dans le monde pendant la nuit, circonſtance, de laquelle je pouvois bien aiſément m'aſſurer, puisque je permet‑tois aux mouches, qui étoient ſorties pendant le jour, de s'en voler le ſoir.

Avant que j'eus vû tout ceci, je decouvris un jour une mouche, qui venoit de ſortir d'une criſalide de mon poudrier, que j'avois placé à l'ombre J'aurois juré, que cette petite bête fût de la famille des eſtropiées, et j'étois toujours de ce ſentiment, jusqu'à ce que je vis moi même une créature ſi extraordinaire ſortir de la criſalide, et s'en voler en peu de tems, comme une mouche très bien faite. Je ne ſaurois mieux me disculper de cette erreur, qu'en priant le lecteur de jetter un régard ſur la 19ᵐᵉ Fig. Pl. I., où j'ai repréſenté ce monſtre ſoit diſant d'après nature. Dans cet état elle ne reſſemble pas plus à une mouche, qu'à un oiſeau. Quoique ſes jambes ayent été ſi longtems ſerrées dans une ſituation très gênée; elle fait pourtant s'en ſervir à merveille, dés ce qu'elle a fait le premier pas dans le monde, et il faut la ſaiſir vîtement, ſi l'on veut l'attraper. Elle ne s'arrête pas même aſſés pour rendre cette li‑queur blanches, que toutes les mouches, qui viennent de ſortir de la criſalide, rendent par l'anus, mais elle la rejette en courant. J'ai repréſenté une pa‑reille mouche Fig. 18. couchée, puisque ſes jambes, qui ſont étenduës, quand elle court, auroient rempli la moitié de la Planche. Mais avant que j'en vienne à l'explication de cette Figure, il me faut parler du gonflement et de la con‑traction de la tête veſiculaire. Il eſt ſur, qu'elle n'eſt plus tant pouſſée en haut, qu'elle l'étoit du commencement, mais elle n'a pas tout à fait fini ſon mouvement, et le continue même, pendant que la mouche ſe proméne. Il faut remarquer auſſi à l'égard de la coque vuide de la criſalide, que l'on y voit la peau fine et blan‑che, qui a envéloppé tous les membres de la mouche dans la nymphe, la peau de la

C 2   nym‑

nymphe, et les deux trachées reſſemblantes à des filets, qui ſont viſibles au travers de la peau du ver. Le moyen de voir le plus diſtinctement ces derniéres,
c'eſt d'ôter la calotte *Fig.* 11. *b. b.* à une criſalide, qui vient de ſe teindre, et d'en
conſidérer le dedans *Fig.* 13. où ſes deux extrémités ſe terminent entre le ſecond
et le troiſiéme anneau, près de la tête, comme nous l'avons vû par dehors *Fig.* 5.
d. d. et *Fig.* 11. *e. e.* Je ne puis me diſpenſer de remarquer ici, qu'immédiatément après
la transformation du ver, les trachées ſont tout à fait ſeparées de la nymphe même,
vû qu'elles ſont placées librement entre la peau de la nymphe et la coque de la
criſalide. On en peut tirer la conſequence, qu'elles n'appartiennent proprement
qu'au ver, comme le petit crochet à la tête, et point à la mouche.

Nous allons reprendre l'explication de la 18me *Figure.* Nous y voyons la
tête, qui vient de ſe contracter, mais dont le volume eſt pourtant très grand
en comparaiſon du corcelet. Nous trouvons le corcelet entierement formé et
garni de poils les coquilles réſonnantes, qui ſe trouvent de deux côtés, et qui
ne ſont point encore deployées, avec le maillet, dont on voit une partie par
deſſous, le corps encore jaune diviſé en quatre anneaux, et enfin les aîles plis-
ſées d'une maniére ſinguliéres. Ce ſont ces derniéres, auxquelles nous donne-
rons encore un peu d'attention.

Lorsque la mouche ſort de la criſalide, les aîles ſont plus proches l'une de
l'autre, que je ne l'ai repréſenté ici. Mais elles s'écartent bientôt autant, qu'
on les voit près de *p. p.* dans cette Figure, et j'ai choiſi cette attitude pour mettre en vuë les coquilles et les maillets, qui étoient couverts auparavant par
les aîles. Ces aîles ſont pliſées nettement et avantageuſement à cauſe de la
place étroite dans la criſalide, et dejà garnies de poils du côté de dehors. Dans
ce tems elles ſont tellement gonflées de la liqueur blanche, qui ſe trouve dans
leur vaiſſeaux glanduleux, et à laquelle Schvvammerdam donne le nom de
ſang, qu'elles reſſemblent à deux veſſies pliſſées, remplies d'eau. Nous avons
fait mention ci-deſſus de la continuation du mouvement de la tête gonflée, ce
qui nous fait conjecturer ici, qu'elle ne ſe fait, que pour mieux diſtribuer les
humeurs par le corps, et ſur tout pour faire avancer plus facilement celles, qui
ſe trouvent dans les glandes des aîles. Tout cela ſe fait avec une grande vîteſſe.
A peine la mouche a-t-elle quitté ſa coque, qu'elle écarte les aîles par le premier mouvement, qu'elle fait. Immédiatement après elle les deploye avec une
vîteſſe, qu'on a peine à ſuivre des yeux, et en même tems elle jette la liqueur
blanchâtre analogue à du lait, dont il a été parlé ci-deſſus. Mais elle parvient
bien plus vîtement à ſa perfection ſi elle a le bonheur de rompre ſa coque dans
un tems, où elle eſt expoſée aux rayons du ſoleil; c'eſt alors, qu'elle paroit voler de ſa coque. En revanche ce ne ſont que celles, qui s'éloignent en courant
de leur coque, les aîles pliſſées, qui ont le malheur de l'ouvrir dans un tems
couvert. Schvvammerdam et Mr. de Réaumur ont crû, que ce développe-
ment

ment des aîles se fait par l'air, que la mouche fait entrer dans les vaisseaux ; cependant l'air, encore, qu'il contribue quelque chose, n'en a que la moindre
part. La liqueur sus - mentionnée, qui est cachée dans les glandes des aîles, en
est plûtôt la cause. On conviendra d'autant plus aisément sur cette opinion, si
l'on veut examiner la manière de laquelle je m'en vais la prouver. J'ai attrapé
plusieurs jeunes mouches dans le même moment, qu'elles étoient sorties de la
coque, et les ai tenu par les pieds, en leur laissant les aîles libres, jusqu'à ce
que je vis que les aîles s'écartoient l'une de l'autre. Alors j'en emportai une
Fig. 18. q. d'un coup de ciseaux, et à l'aide d'une forte Loupe je vis dans le
même instant sortir en grosses gouttes une liqueur analogue à de l'eau, des glandes entre les nerfs, et point des nerfs des aîles, tandisque l'autre aîle, qui n'
étoit point endommagée, se deployoit en même tems, comme à l'ordinaire. Ce
qu'il y a de plus singulier dans ce devéloppement des aîles, c'est qu'immediatement après elles sont séches, quoiqu'il n'y a qu'un moment, où elles étoint presque remplies d'humidité. Cependant il y aura moyen d'expliquer cela, si nous
examinons avec attention les glandes d'une aîle coupée, immediatement après
qu'on l'a emporté. Nous la verrons alors épaisse et comme enflée. Or, si le devéloppement rapide se fait, il s'en suit, que les glandes soient étenduës du moins
de deux tiers de leur Diamétre. La liqueur des glandes, qui peut - être d'ailleurs
est très - volatile, est donc distribuée par une surface, qui est au delà de deux fois
plus grande, et l'éloignement des pores dans la membrane des aîles, qui pendant
la situation presque emboitée des aîles, étoient couverts en plus grande partie,
lui donne pleine liberté de s'en voler et de s'evaporer. Je ne suis donc pas du
sentiment de Mr. de Réaumur, qui croit, que les aîles des mouches sont composées de deux membranes, et je crois avec plus de probabilité, que l'aîle, qui
paroit avoir une éspece d'hydropisie, et qu'il a représentée *Planche XXIV. Fig.* 16.
ne tire son origine que des glandes meurtries ou bouchées, qui n'ont pas tant
arrêté l'air que les humeurs, pour deployer et pour former l'aîle *. Le mouvement de la tête gonflée finit donc avec ce devéloppement des aîles, duquel
nous avons parlé jusqu' ici, et la jeune mouche, que nous avons vûe en trois
scenes différentes depuis un mois, ne différe plus de ses parens, et elle est aussi
parfaite qu'eux. Car c'est une chose très - connuë, que les insectes n'ont plus
à croître après leur derniére métamorphose.

Une mouche aussi parfaite peut donc sans aucun risque entreprendre de
fendre l'air par ses aîles. Dans sa grandeur naturelle nous ne la connoissons, que
comme un petit insecte d'un brun presque noir, destitué de toute beauté, qui
tombe sous les yeux *Pl. II. Fig.* 20. Mais à l'aide de l'excellent instrument mi-
croscopique nous la voyons dans la même magnificence, qu'elles se voyent l'
une l'autre *Fig.* 21. La tête n'est plus aussi grande ni elevée vers le front, que
nous l'avons vûe *Fig.* 18. Mais elle est plus applatie du côté de devant, et d'un

D

rond

* Tom. IV. Part. 2. p. 73.

rond allongé. Elle eft partagée en deux demi‑boules, ou en deux yeux par
un bandeau, qui paffe entre ces deux demi‑boules. La couleur rouge des de‑
mi‑boules provient de la Choroïde, qui fe trouve fous la Cornée. Cette Cor‑
née eft divifée en plufieurs hexagons reguliers, et lorsqu'elle eft feparée de la
Choroïde, elle eft auffi blanche et transparen te qu'un verre. On en a donné
tant de repréfentations, que j'ai jugé fuperflû de la repréfenter ici. Chaque
hexagon paroit être enchaffé d'une bordure, qui renferme une petite hemis‑
phére creufe du côté de dedans, qui eft le Cryftallin. Loevvenhoek en compte
4000. fur chaque hemisphére, de forte que par conféquent une mouche eft pour‑
vuë de 8000. yeux. La tête de la petite mouche du vinaigre fur la *VIIme Planche
du Supplément* à mes *Nouvelles Découvertes dans le Régne Végétal* fait voir très diftin‑
ctément ces féparations de la Cornée; et les fenêtres, qui font compofées de
vitres fexangulaires, en donnent en grand pareillement une idée très exacte. Le
bandeau jaune commence du côté poftérieur de la tête d'un gris foncé, mais
qui fe rétroicit toûjours vers la partie antérieure de la tête. A la place où la
marque d'un gris foncé, qui proprement eft la membrane de la veffie, qui fe fe‑
che, *Pl. I. Fig.* 16. a le plus de largeur, on voit l'éminence triangulaire , qui de
même a pris un gris foncé *Fig.* 16. 17. 18. et dans chaque coin de cette éminen‑
ce on voit un ftigmate brun. Schvvammerdam, Mrs. de la Hire et de Réaumur
ont dejà pris ces ftigmates pour les yeux de la mouche, qui lui fervent à voir de
loin, parceque les petits yeux des hemisphéres ne groffiffent que les objets qui
font proches. On a manqué jusqu'ici de preuves qui euffent été fuffifantes pour
accrediter genéralement cette opinion. Je l'ai combattû moi même en quelque
maniére *, mais cependant, je n'ai pas manqué de confulter la nature fans crain‑
dre d'en être refuté, comme cela eft arrivé en effet. Car c'eft maintenant
que je puis me conformer avec affurance aux Phyficiens, qui nous ont décrit
ces ftigmates comme des yeux, et je puis furément foutenir, qu'ils ne fauroient
être autre chofe. Si j'avois eu une Cigale, laquelle, à ce qu'on voit par les
repréfentations, que Mrs. Roefel et de Réaumur en ont données, eft affés gran‑
de pour faire reconnoître du premier coup d'oeil ces ftigmates pour des yeux,
il m'auroit fallu employer moins de peine, pour les trouver dans d'autres in‑
fectes. Les plus gros, que j'aye pû avoir, étoient les bourdons et les guêpes.
Je m'avifai, que lorsque je leur emporterai la peau écailleufe de la tête, ces
ftigmates, en cas qu'ils fuffent des yeux, duffent être des ouvertures transpa‑
rentes. La première experience, que je fis avec une guêpe, me montra d'abord
la verité de ma conjecture. Je vis dejà fans Microfcope trois ouvertures ron‑
des, lorsque je regardois vis‑à‑vis de la chandelle la partie poftérieure de la
peau de la tête detachée *Fig.* 22., et je les vis plus diftinctément à l'aide d'une
mediocre loupe, *Fig.* 23. Je repetai une autre fois cette expérience avec un
bourdon de la plus grande espéce, que je pus avoir. J'examinois fes yeux tant‑
qu'il

---

* Explication de la VIIme Planche du Supplément à mes Nouvelles Découvertes dans le
Régne Végétal.

qu'il vivoit encore, et comme je ne vis que des hemisphéres blanchâtres, lui-
fantes et revêtues d'une matiére analogue au talc, au-deffous de beaucoup de
poils, fans voir les ouvertures transparentes fus-mentionnées, que j'avois vuës
auparavant dans une guêpe, j'aurois bien recommencé à douter, que j'euffe des
yeux devant moi, comme j'en ai repréfenté un fort groffi *Pl. II. Fig.* 24. Mais
après avoir fait fubir au bourdon le même fort de la guêpe, et après lui avoir
emporté de même la peau écailleufe de la tête, je découvris dans le même inftant les trois vitres transparentes. Je leur donne ici le nom de vitres, puisque
c'eft à ceux, qu'on peut les comparer le mieux, à caufe de la cornée blanche,
qui ferme ces ouvertures, lesquelles n'étant que mediocrement groffies *Fig.*
23., paroiffent être de veritables ouvertures. Cependant il faut que cette Cornée, pour être bien vuë, foit beaucoup groffie *Pl. II. Fig.* 25. Et pourtant l'on
pourroit combattre par plufieurs objections l'opinion qui les prend pour des
yeux, s'il ne fe detâchoit quelque fois en même tems une petite piéce de la Choroïde, et qu'elle ne fut vifible au travers de la Cornée blanche, comme l'on voit
Fig. 25. Il faudroit avoir le malheur de n'être né que pour la doute et pour la
contradiction, fi non obftant toutes ces preuves auffi evidentes l'on ne vouloit
prendre pour des yeux les trois ftigmates fur la partie poftérieure de la tête
des infectes, qui en font pourvus. Les poils, dont ils font couverts, ne fauroient empêcher la vuë plus, que la vuë des barbets eft empêchée, qui fouvent,
comme l'on dit, ne peuvent voir des yeux au travers de leurs poils. Mais les
obfervateurs, qui ont foûtenu, que les ftigmates mêmes en étoient garnis, ont
ou mal vû, comme Schvvammerdam, ou n'ont rien vû du tout, ou ne l'ont
que copié cet article. Pour nous en convaincre, nous en reviendrons à la *pre-*
miére Planche, où le Triangle de la jeune mouche *Fig.* 16. ne paroit point encore
auffi gris et obfcur, que dans la mouche parfaite *Pl. II. Fig.* 21. mais où il n'eft
encore que d'un jaune-pâle. Nous voyons ici, quoique la Figure n'eft que
mediocrement groffie, que les ftigmates font fans poils, mais nous trouvons
lorsque cette partie de la tête eft plus groffie, que ces cinq poils longs et roides font placés fur le triangle en ordre régulier fur des ftigmates bruns parti-
culiers *Fig* 17. L'on voit ici de même dans les coins du triangle les trois ftigmates, qui ne font teints qu'à moitié, où il y auroit lieu de conjecturer, que les
taches orangées puffent être les choroïdes, qui viennent du milieu du triangle,
et qui avancent vers les yeux.

La tête de la mouche tient au tronc par le col étroit, lequel comme nous
voyons fur la *troifiéme Planche Fig.* 29. a bien le quadruple ou le quintuple de
la longueur de celle, qu'on lui voit ici. Ce tronc eft un peu dur, et dans
bien des espéces il paroit être couvert d'une cuiraffe. Le dos ou le corcelet vouté, qui s'appointe vers le corps, eft feparé par trois entaillures
transverfales en autant de parties inégales, dont celle du milieu eft la plus
large. Quelques rayes elevées vont le long du corcelet, qui font alternative-

ment d'un brun clair, ou d'une couleur grife, et outre cela garnies d'un poil co-
pieux. Les aîles font attachées aux deux côtés de la féparation du milieu du
corcelet. Dans ce groffiffement l'on ne peut pas voir les poils, dont la membrane fine des aîles eft garnie partout, mais un groffiffement très fort *Fig. 26.*
nous fait voir le plus bel ordre, dans lequel ils y font diftribués, où l'on en
voit un fur chaque glande, dont l'une eft écartée ici de l'autre, et qui pour-
rojent donner fujet de conjecturer, qu'il y a les pores, par lesquels la liqueur
ci-deffus mentionnée s'eft evaporée. Je n'ai coupé qu'une petite piéce de l'
extrême bout d'une aîle, pour le groffir à ce point, qui dans le total auroit dû
être repréfenté d'une double grandeur, fi la place y avoit fuffit. Il ne me faut
ajouter que cette remarque, que pour voir de cette maniére la membrane des
aîles, il ne faut pas examiner la petite piéce coupée fur une couliffe de verre,
mais fur la furface noire de la petite table de mon microfcope, en plein midi, et
à double reflexion, et qu'il eft indifférent d'obferver la furface fupérieure ou l'
inférieure de la membrane des aîles, vû qu'il y a point de différence.

Immediatement au-deffous de l'articulation des aîles, l'on voit les inftrumens avec lesquels la mouche en volant fait le bruit ou le bourdonnement.
Schvvammerdam a comparé leur fubftance membraneufe dans les abeilles au
clincant, et Mr. de Réaumur l'a comparé dans les mouches au talc. Mais
il me femble, qu'il vaut mieux les comparer avec une veffie très-fine et à
moitié transparente, dont le fond eft d'un jaune blanchâtre, puisqu'en effet
ils paroiffent être faits d'une membrane veficulaire. C'eft pourquoi je les
nommerai à l'avenir les veficules refonnantes. *Pl. II. Fig. 21.* montre, comme
elles fe préfentent d'enhaut, et *Pl. III. Fig. 27.* du côté, mais plus groffies.
Elles font couchées l'une fur l'autre comme deux coquilles, dont celle d'enhaut
eft la plus petite. En les regardant d'enhaut, chacune paroit être détachée de
l'autre, et féparement attachée, mais quand on les regarde de côté, l'on voit
diftinctement, qu'elles ne font qu'une piéce, et que par conféquent elles n'ont
qu'une racine commune. Elles font bordées d'un chaffis jaune, qui les tend
de la même maniére, qui la peau d'un tambour eft tenduë par un cercle. Ce
rebord jaune eft garni de poils par deffous *Fig. 27.* mais la membrane veficulaire du moins dans cette mouche eft fans poils. Au bout du corcelet, immediatement au deffous des veficules refonnantes *Fig. 27.*, l'on voit *Pl. II. Fig. 21.*
an travers de la membrane veficulaire, les deux baguettes, que j'ai nommées
ci-deffus les maillets. Car quoiqu' elles foient plus connues fous ce nom, il
ne fauroit pourtant pas trop bien leur être donné à ce qu'il me femble vû qu'
elles n'ont aucune reffemblance avec un maillet. En revanche le nom de baguette eft plus convenable à la nature, eu égard à leur forme, et à l'ufage, que
la mouche en fait. C'eft de ces baguettes, que la mouche bât le tambour,
lorsqu'elle en touche par deffous les veficules refonnantes tenduës. Il ne fera
pas fi aifé de découvrir le deffein dans lequel elle le fait, mais il fe peut, que ce

bruit

bruit ferve de fignal pour convoquer les amoureufes. Nous pouvons donner une raifon plus exacte du fecond ufage de ces baguettes, qui eft de conferver l'équilibre de la mouche pendant qu'elle vole. Mr. de Réaumur n'a point connu la raifon de l'exiftence ni de ces parties, ni de celles des veficules refonnantes. Il l'avoue lui même dans ces termes: ,, *Nous ignorons les ufages des doubles* ,, *coquilles, comme nous ignorons ceux des balanciers, mais au moins favons • nous, que ces* ,, *ailerons n'ont, été accordés qu'aux mouches, à qui deux ailes ont été rétranchées.* ,, Mais je crois. m'être mis en état par mes recherches d'en donner une explication affés exacte. On n'a qu' à bien examiner la forme des veficules réfonnantes inférieures, et elle fait voir, qu'elles font faites pour faire du bruit lorsqu'elles font touchées. Pour cet effet la membrane veficulaire eft fort tenduë, et toute la veficule refonnante eft presque voutée, comme la table d'un inftrument de mufique, et fituée de façon à pouvoir être ébranlée en même tems par deffus et par deffous. Mais l'ébranlement de par deffus fe fait par la petite veficule refonnante, qui eft couchée fur la plus grande de deffous, et qui de tems en tems paroit être moins tenduë, que celle-là, lorsque le mouvement de l'aîle, à l'articulation de laquelle elle tient par fa racine, la fait toucher pendant le vol à la veficule refonnante, qui eft tenduë par deffous et immobile. Mais pour redoubler ce bruit, les baguettes touchent en même tems par deffous à la même veficule refonnante, par un mouvement tremblant et extrémement rapide. Car lorsque l'on emporte ces baguettes, on n'entend ce bruit que très foiblement, et comme à la fourdine. Mais quand on coupe l'aîle auffi près de l'articulation, qu'il en refte un petit bout, l'inftrument joue pourtant auffi haut qu' auparavant, puisque la veficule refonnante de deffus peut encore être remuée. En revanche, quand on l'arrache avec l'articulation, la mufique finit dans l'inftant, quoique la veficule refonnante fupérieure n'ait pas été emportée en même tems, et la baguette feule ne fuffit pas pour faire le moindre bruit. Ce dernier phénoméne paroit très particulier, eû égard à ce que nous venons de dire de ce qui s'en fait, lorsque l'on a emporté la baguette; mais il ne provient, que de l'endommagement, que la racine de la veficule refonnante inférieure a fouffert, pendant qu'on a arraché l'aîle, ou il eft la fuite du mouvement ceffant de la veficule refonnante fupérieure, qui à préfent eft couchée immobile fur l'inférieure, et par là l'étouffe, et lui fait perdre la refonnance, comme le fait le drap duquel on couvre un tambour. J'ai fait ces expériences plufieurs fois avec la préfente mouche commune de nos appartemens, mais le plus frequement avec la mouche bleuë de la viande, qui a la force de fouffrir d'avantage, et dont le bruit, qu'elle fait, eft plus confiderable.

Le corps en forme de poire ou le ventre de nôtre mouche eft joint au tronc immediatement au deffous des veficules refonnantes. Il eft divifé en quatre parties par autant de demi-anneaux roides et larges, couchés l'un fur l'autre,

E

d'une

d'une certaine maniére comme les écailles. Je leur donne le nom de demi-
anneaux, puisqu'ils ne se joignent pas du côté de dessous. Tous les quatre
anneaux sont garnis de poils, dont les plus longs se trouvent aux deux côtés.
Leur couleur est un peu plus brune, que dans la jeune mouche *Pl. II. Fig.* 18., et
les deux anneaux du milieu sont ornés de miroirs, dont le bord est brun et
d'un gris blanchâtre.

Les six jambes longues tiennent au corcelet, par une articulation, comme
l'on voit dans la 29*me Figure* de la Planche suivante. Elles consistent en neuf
articulations, savoir les deux articulations courtes au corcelet, dont la plus
longue est premiére, la cuisse, la seconde cuisse, la jambe, et l'avant pied, lequel encore est divisé en quatre articulations. La derniére articulation est armée de deux ongles ou crochets très pointus, qui sont placés au dessus de deux
plantes particuliéres. Plusieurs observateurs ont pris ces derniéres pour des
boules rondes, et les ont représenté comme telles. L'on voit de même la description, que Mr. de Réaumur nous en a donnée, qu'il n'a pu les voir assés
distinctement au travers de sa loupe. Il leur a donné avec les autres le nom de
Pelotes. Mais pour peu, que l'on regarde le pied de la mouche fort grossi
Fig. 28., l'on aura bientôt une idée tout à fait différente de ces parties, et l'on
sera bien éloigné de les prendre pour des pelotes. En revanche on trouvera
beaucoup plus convenable le nom de plantes de pied, puisque non seulement
elles ressemblent à deux plantes composées de glandes jaunes, qui par un chas-
sis sont tenduës et courbées, mais aussi puisque la mouche s'en sert en propre
sens, comme des plantes. On pourroit aussi les comparer à deux coquilles
couchées l'une près de l'autre. Il suffit que ce ne soit point de pelotes. Elles
sont plus étroites et plus retrécies à leur origine, qu'à leur bout, où elles s'
elargissent et s'applatissent. Le bord de ces plantes est garni de poils courts,
ou plûtôt de soyes roides, avec lesquelles la mouche ne menage pas plus le
Souverain, que le gueux, et qu'elle excite l'impatience de ceux dont elle trou-
ble le sommeil, quand en se promenant sur la peau, elle la chatouille. Je con-
nois des mouches d'une plus grande espéce, qui ont les plantes aussi grosses,
qu'il ne faut pas même une loupe, pour les reconnoître. Ces parties des pieds
prouvent clairement, que la mouche se sert des plantes sur les corps posés ho-
rizontalement, et qu'elle mêt en usage les crochets, qui se trouvent derriére les
plantes, sur les corps situés verticalement, surtout lorsque la surface en est po-
lie, comme celle du verre, ou de la porcellaine, ou quand leur dos est parallel
à la surface de dessous. Dans le premier cas elle n'a qu'à lever les crochets,
et à courir sur les plantes, dans le dernier cas il ne lui faut qu'engrainer les
pointes fines des crochets dans les petites inégalités invisibles des surfaces polies, et lever les plantes. On peut faire le plus souvent cette derniére remarque sur les mouches, qui ont fini leur vie, les crochets engrainés, sur les gla-

ces

ces ou fur les vîtres, et qui y font demeurées accrochées. L'on remarque aux cuiffes et aux jambes, qu'elles ne font pas rondes, mais d'une forme angulaire, et fi l'on en excepte les plantes, qu'elles ne font pas brunes, mais d'un gris perle, *Fig.* 29. Ces membres de même que le refte des jambes font très fort garnis de poils, ce qui fait, que les mouches s'en fervent à la place des broffes, lorsqu' elles ôtent des aîles la pouffiére avec les deux pieds de derriére, et qu'elles nettoyent les yeux avec ceux de devant de la pouffiére, qu'elles favent encore ôter de leurs pieds en frottant les deux de devant, de même que ceux de derriére, l'un contre l'autre, comme pour fe laver.

Je trouve dans ces infectes une espéce de droit de talion. Ils nous tourmentent, et ils font tourmentés par d'autres infectes. Sur bien des mouches j'ai vû au travers de la loupe de petits infectes jaunes fe promener entre leurs poils. *Pl. II. Fig.* 24. *a.* Si leurs huit jambes fe trouvoient l'une près de l'autre à la partie antérieure du corps, on les pourroit prendre pour des cirons ordinaires. Mais comme elles font diftribuées de façon, qu'il y en a quatre par devant, et les quatre autres par derriére, ils font du moins d'une espéce particuliére, et peut être de celle, ou bien tout à fait de la même, que Mr. de la Hire a decrite et repréfentée *.

Mais nous allons quitter pour quelque tems la mouche fémelle, pour reprendre la defcription de la mouche mâle. Je l'ai repréfenté *Pl. III. Fig.* 29. couchée fur fe dos, mais le grand nombre des figures m'a empeché d'y exprimer les aîles. Tout le refte fuffira cependant pour faire voir diftinctement en grand, ce que nous ne faurions voir en fa grandeur naturelle. Je ne puis me dispenfer de remarquer ici, que par les raifons ci-deffus alleguées l'on n'a pas pû repréfenter cette Figure de même que la précédente *Pl. II. Fig.* 21. tout à fait auffi grande, que le groffiffement l'auroit demandé.

Nous voyons de même ici par devant et de côté la tête plus groffie *Fig.* 30. de cette mouche, qui n'eft point différente de celle de la fémelle. Il y a à la partie applatie de devant une cavité d'un rond allongé et d'une couleur brune, qui a l'air d'être doublée d'écaille *Fig.* 29. *a.* Le Diamétre vertical de cette cavité a bien le triple de la longueur de celui d'une autre cavité fur le front *b*, et *Fig.* 30. *b.* La premiére eft presque un etui ouvert, où la trompe fe loge, quand elle fe retire, et la feconde eft une foffette pour les antennes, qui font grisâtres, et garnies de poils très-fins et très-petits. Je leur donne le nom d'antennes, puisque je ne faurois leur donner un autre qui fût meilleur, quoique je voye très-bien, que leur petiteffe de même que leur fituation ne permettra pas à la mouche de s'en fervir pour toucher quelque chofe. Elles confiftent proprement en deux parties, favoir une articulation courte d'une couleur brune, où il fe trouve deux poils reffemblans aux foyes, et les antennes mêmes, *c.*

E 2

Tout

* Memoires d'Anatomie, de Chymie et de Botanique de l'Acad. Royale des Sciences à Paris Tom. 1. pag. 112.

Tout le rebord de la cavité pour la trompe eſt garni de poils, comme le reſte de la partie plate antérieure de la tête. Quand la trompe de la mouche eſt retirée, on ne la voit que par devant *Fig.* 29., mais quand on preſſe la tête entre les doigts, ou à l'aide de la branche à tracer, dont on ſe ſert pour ſaiſir les objèts et pour les placer ſous le Microſcope, on force la trompe de ſortir de ſa cavité, et de ſe mettre dans la même attitude, que la mouche lui donne de bon gré, quand elles s'en ſert pour prendre ſa nourriture. Elle conſiſte proprement en trois parties principales *Fig.* 30. ſavoir un petit ſachet *e*, qui s'appointe peu à peu vers le devant, et ſur lequel ſe trouvent deux vaiſſeaux d'un gris brun en forme de palette *f*, un tuyeau membraneux enchaſſé entre deux petits os d'une ſubſtance analogue à la corne *g*, et la trompe même *h*. Cette trompe eſt encore diviſée en deux levres, qui ſont échancrées par devant, et bordées par derrière d'un rebord charnu, qui eſt garni de pluſieurs poils très fins *Pl. III. Fig.* 30. et *Pl. IV. Fig.* 31. *i*. Lorsqu'ayant les doigts pendants on retire l'avantbras vers l'humerus, et qu'en même tems on tient éloigné le bras du corps, autant qu'il eſt poſſible, l'on fait en étendant alors le bras, d'une certaine maniére les deux mouvemens principaux, que la mouche fait de ſa trompe. L' allongement de la trompe provient probablement de l'air, que la mouche fait entrer dans le ſachet *e*, et de là dans le tuyeau *g*. jusqu' à la levre *h*. La trompe ſe dreſſe et ſe baiſſe à l'aide des petits os, entre lesquels le tuyeau *g*. eſt enchaſſé. La compreſſion des doigts ou du reſſort, qui preſſe l'air dans ces parties ſemble prouver le premier, et la ſituation et la preſence des petits os prouve le dernier. Il y a deux de ces petits os. Celui d'enhaut, qui ſe termine en pointe a un enfoncement cannelé, que l'on voit le mieux dans la jeune mouche *Pl. I. Fig.* 15., et qui eſt presque formé comme la langue de certains oiſeaux *k*, celui d'embas *l*. eſt creux en forme de couliſſe, et ſe termine en deux pointes, qui ſont jointes près des levres par un petit os transverſal, comme l'on voit à la 3 *ime Fig. Pl. IV.* qui repréſente la partie inférieure de la trompe. Lorsque l'on arrache les levres *h*, et le tuyeau membraneux *g*. à l'aide des pincettes, ces petits tuyeaux ſe contractent de maniére, qu'on pourroit les prendre pour le bec d'un oiſeau, *Fig.* 23. *k*, et ce n'eſt qu' avec bien de la peine, et après des obſervations reïterées, que l'on voit dans ce bec en apparence les deux petits os écartés *Fig.* 33. *k. l.* Mr. de Réaumur a même decouvert un aiguillon dans la cavité cannelée du petit os ſuperiéur *k*, dans des mouches d'une grandeur plus conſiderable. Mais je n'oſe dire, que j'ai êté auſſi heureux d'en voir recompenſées mes recherches redoublées, vû que je n'ai pas même pû decouvrir quelque choſe, que j'euſſe pû comparer avec une langue.

Les levres de la trompe ſont compoſées des muscles, qui lui donnent un mouvement très rapide. Il y a entre les deux levres l'ouverture pour l'entrée de la nourriture, *m*. Lorsque la mouche à l'aide des petits os applique les levres de la trompe ſur la nourriture, qui ſe préſente, elle la tire, quand elle eſt liquide, dans le ſachet *e*, lequel proprement pourroit être la pompe de la machine entiére,

tiére, et où j'ai toûjours trouvé une bonne provifion de lait, lorsque j'ai preffé un peu la tête d'une mouche, et que j'en ai fait fortir la trompe quatre ou cinq heures après avoir fait fortir le lait de mon appartement. Cette découverte me fait douter avec Mr. de Réaumur, fi les mouches ne doivent pas dans un certain fens être comtées parmi les bêtes ruminantes. Mais quand la mouche a devant elle un corps folide, comme par exemple du fucre, une certaine liqueur claire, que l'on peut toûjours faire fortir de la trompe par la compreffion, pourvû que le fachet *e.* foit vuide d'autre nourriture, fupplée au defaut des dents, qu'elle fait couler de l'ouverture *m.* fur le corps dur, et dont elle l'amollit. Les mouches ont eu la complaifance de me découvrir ce fecret elles mêmes, quoiqu' à mes dépens, et dans le même tems, où je m'en occupois le plus. J'avois peint les crifalides de la *première Planche* d'une couleur, que j'avois detrempé à la hâte dans de l'eau fucrée, puisqu' elle ne vouloit tenir fur le papier. Comme j'étois occupé quelques femaines à achever cette Planche, elle reftoit tout ce tems fur ma table. Je m'apperçus par hazard, que mes crifalides peintes eurent autant de taches d'un rouge clair, qu'elles reffemblérent à une peau rouge chagrinée. Après avoir été obligé de teindre ces taches jusqu' à la troifiéme fois de la même couleur, je fus plus attentif fur mes mangeurs de couleur, et je découvris, que ce furent les mouches, qui favoient diffoudre la couleur detrempée dans de l'eau fucrée à l'aide d'une liqueur, que je trouvois fur le papier, lorsque je pris une mouche fur le fait, et que je l'en chaffai. Nous voyons encore à la trompe les deux parties en forme de palette *f*, qui font placées fur le fachet *e*, à un tel endroit, qu'on ne peut les nommer ni antennes ni crochets. Dans la 19me *Fig. Pl. III.* nous les voyons à côté de la trompe retractée, et la deborder. Comme par cette fituation elles font très proches des levres, elles peuvent très facilement les frotter des deux côtés, auxquels les poils fe trouvent. Or nous avons vû ci-deffus, que les jambes veluës de la mouche lui fervent de broffes, pourquoi devrions nous donc douter, qu'il ne fe fit pas la même chofe par ces petites palettes, quand la trompe eft dans fa cavité. Je crois donc, qu'on pourroit bien avec raifon les appeller les broffes de la trompe. Dans cette Figure je repréfente encore la tête de la mouche vûe de côté, où nous apprenons en même tems à connoître la veritable forme des yeux, et où nous voyons, qu'ils font plûtôt des duvets éminens d'un rond allongé, que des demi-boules.

La mouche peut bien faire entrer l'air entre les membranes de la trompe, comme nous venons de dire, mais elle ne peut pas s'en fervir pour respirer. En revanche elle a cela par deffus l'homme, les quadrupedes et le refte des animaux, que pour cette fonction elle eft pourvûe de quatre ouvertures, dont deux infpirent l'air et deux autres le font fortir. J'ofe dire d'avoir fuppofé les deux premiéres ouvertures, auffitôt que je vis les jattes orangées *Pl. I. Fig.* 14. *m. m.* et après les petits tuyeaux jaunes en forme d'entonnoir, *Fig.* 18. Auffi je fus bientôt après convaincu de la verité de ma conjecture, lorsqu' à l'aide d'un pinceau fin j'avois enduit d'huile la partie d'une mouche, où les deux jattes en queftion

F

font

font placées, et que dans l'inftant je la vis mourir après quelques convulfions. En revanche il ne s'en fuivit ni l'un ni l'autre, quand en menageant ces places, j'étendois de l'huile fur toutes les autres parties du corps. Cet heureux fuccès de mon premier effai me fit bientôt voir les ouvertures mêmes, lorsque je les cherchois à l'aide de la loupe. Je les trouvai aux deux côtés du corcelet, garnies de poils jaunes, dont la direction alloit vers le dedans, *Pl. III. Fig. 29. et Fig. 30. n.* Après avoir reconnu celles-ci, je n'eus pas beaucoup de peine à trouver auffi les deux autres ouvertures pour l'iffuë de l'air, au bout du corcelet, entre les quatre jambes de derrière *Fig. 29. o. o.* Or comme dans les deux ouvertures fupérieures les poils jaunes ont leur direction vers le dedans, afinque tout foit bien bouché, lorsque la mouche trouve à propos de les fermer, les ouvertures rondes inférieures font bordées de poils de la même couleur, dont la direction va en dehors, vû qu' à caufe des coups continuels de l'air qui fort, il n'eft pas à craindre, qu'elles foient bouchées par la pouffiére, ou par quelque autre ordure, comme cela arriveroit à l'égard des fupérieures, fi la mouche ne pouvoit pas les fermer et les boucher à l'aide des poils, qui vont en dedans. Or fi l'on fuppofe, que les deux ouvertures ayent une communication enfemble moyennant des tuyeaux qui defcendent en ligne droite, elles auront la forme d'un entonnoir, dont l'ouverture fupérieure eft oblongue, et dont l'inférieure eft ronde. Auffi les nombreux tours, que font peut-être ces tuyeaux par tout le corps de la mouche ne dérogent-ils pas plus à la qualité d'un entonnoir, que le font les replis en ligne fpirale de l'entonnoir d'un Cornet de Pofte ou d'un Cornet de Chaffe. Ce mechanisme auffi propre pour le paffage de l'air, et les experiences faites avec l'huile, que je viens de rapporter, ne laifferont aucun lieu de douter, que ces ouvertures ayent un autre emploi, que celui, que je leur donne ici. Mais je ne faurois dire, fi felon l'opinion de Mr. de Réaumur il y a encore huit ftigmates aux deux côtés des demi-anneaux deftinés au paffage de l'air, tels que Mr. Bazin les a découvert dans les papillons, puisqu'après bien des recherches je ne les ai pas trouvé au deffous des poils touffus.

Le corcelet s'éleve un peu des côtés vers le milieu. L'ecaille dure en eft raboteufe, d'un gris brun et veluë en quelques endroits. Le dos le deborde un peu, ce qui caufe quelque enfoncement des deux côtés. C'eft là la raifon, qu'on ne voit qu' à demi les deux ftigmates fupérieurs *n. n.* Cette figure fera voir la façon de laquelle les jambes font rangées et articulées, et elle repréfentera la forme des cuiffes. Nous voyons ici de même les deux veficules refonnantes *p. p.* du côté intérieur creux, avec les baguettes, qui font placées derriére les ftigmates *o. o.* La couleur jaune de l'une de ces baguettes très groffie *Pl. IV. Fig. 34.* eft bien de beaucoup plus vive, que celle des veficules refonnantes, cependant elle paroit pourtant être faite de la même matiére, du moins la tête de la baguette *g,* et ne confifte qu'en une fimple membrane, bordée d'un chaffis d'une matiére un peu plus folide, qui les divife dans la même proportion en deux hemisphéres. L'on voit encore mieux ces parties dans les coufins, qui de même

que

que tous les autres infectes à deux aîles font pourvûs de ces baguettes, et qui
ont auffi deux veficules refonnantes très petites, que dans les mouches, puisque
les tiges des veffies presque transparentes font plus longues. Auffitôt que nous
examinons la veffie antérieure au travers d'une loupe, nous ne pouvons faire aucune autre conclufion, fi non, qu'elle foit creufe, ou pour mieux dire, que ce foit
une veffie enflée. Nous pouvons conjecturer la même chofe ici par comparai-
fon. Mais cette conjecture devient d'autant plus certaine, fi nous examinons la
baguette d'une mouche morte, où nous trouvons fa tête affaiffée et contractée
comme une veffie vuide d'air, *Pl. III. Fig.* 27. *c.* Nous verrons dans la fuite, que
cette cavité des baguettes eft faite dans des deffeins très importants. La verge
garnie de poils très courts, ou la tige a le plus d'épaiffeur près du corps, elle eft
inflexible, et presque garroté par enhaut de plufieurs nerfs, en un môt, elle eft
faite de maniére, que l'on peut juger de fa force par les déhors. Auffi étoit-il
très neceffaire, que la nature l'en pourvût, après l'avoir deftiné à deux emplois
auffi importants. Car le bruit des veficules refonnantes a non feulement dimi-
nué, comme nous avons vû ci-deffus, après que j'eus emporté cet inftrument à
quelques mouches près de la racine, mais auffi aucune d'elles ne pouvoit plus
voler la diftance d'une pouce, auffitôt que cela fut fait. Pourtant cela n' a pas
caufé la mort à quelques unes, que j'avois gardées, plûtôt, qu'après vingt quatre heures. Outre cela les mouches, auxquelles nous coupons les jambes et la
moitié du corps, et que nous voyons pourtant s'en voler, nous prouvent, que
cette impuiffance de voler n'eft pas l'effet de la playe feule. Je ne veux qu'ajouter en peu de mots une remarque pour ceux de mes lecteurs, qui pourroient
avoir envie de faire cette experience, et de voir eux mêmes ces parties au travers d'une loupe, qu'il faut examiner les baguettes dans les mouches mêmes et
fans les en féparer, et que pour cela il faut les faifir de la branche à tracer de
façon, que la tête et le corps fe joignent en arriére, et que le corcelet foit tout
à fait courbé vers enhaut, ce qui fera, que les baguettes feront libres, et le mieux
à voir. Il s'en va fans dire, que les jambes doivent être coupées, qui ne fervi-
roient ici, qu' à faire de la confufion. Mais quand on veut emporter les baguettes à une mouche fans la tuer, la maniére la plus affurée c'eft de choifir pour
cette experience une des mouches bleuës de la viande, vû qu'elles font plus grandes et moins delicates, que les mouches de nos appartemens, et que par confequent elles n'ont pas fi facilement les aîles eftropiées, ou le corps endommagé
par la compreffion. Car avant que je m'en fuffe tenu à ce choix, je doutois, fi
je n'avois pas rendu les mouches, que j'avois privées de leurs baguettes, inhabi-
les au vol plûtôt parceque je les avois ecrafé, que parceque je leur avois emporté les baguettes. Cette experience eft très aifée à faire à l'aide de très fines
pincettes, et d'une vuë fort bonne. Mr. de Réaumur a manqué de faire cela, et
en revanche il a fait l'objection fpécieufe, que le peu de chofe, qu'eft le volume
de ces petites baguettes par rapport à celui du corps de la mouche ne permet
pas de prendre ces parties pour des contrepoids. Mais s'il avoit fongé à l'artifice des nageurs, qui paffent des fleuves à l'aide des veffies remplies d'air, qui

F 2

ont

ont la proportion auffi inégale au corps de l'homme, que les veffies des baguettes l'ont au corps de la mouche, s'il y avoit penfé, dis-je, et qu'il eût refléchi
en même tems fur la proportiov d'une petite aîle d'un bourdon au gros volume
du corps, qu'elles doivent foutenir dans l'air, il auroit reconnu plus facilement
la poffibilité des pareils fervices, que ces petits vaiffeaux remplis d'air rendent
aux mouches. Il fuffit, que ce foit une chofe decidée, que ces baguettes fervent auffi à la mouche pour conferver fon équilibre pendant qu'elle vole, et que
par là elles fuppléent à la feconde paire d'aîles, de ces infeêtes, qui en font pourvûs, mais qui n'ont ni baguettes ni veficules refonnantes. Mais autant que la
nature eft riche en moyens de venir à bout de fes deffeins, autant l'homme eft
pauvre en idées pour les expliquer.

Le corps de la mouche mâle eft d'une couleur plus claire, et moins rond et
moins gonflé, que celui de la mouche fémelle. Il confifte de même en plufieurs
demi-anneaux écailleux, qui aux côtés font affés transparens, pour faire voir
dans le corps les vaiffeaux, qui font dans un mouvement continuel. Ces demi-
anneaux fe gliffent l'un fous l'autre comme les écliffes de fer d'un gant de cuiraffe, et ils font féparés l'un de l'autre par une membrane très tendre et transparente, couleur de cuir, et reffemblante au parchemin, laquelle au milieu eft
garnie de trois écailles, couchées l'une fur l'autre. Les anneaux de même que
les écailles font garnis de poils, mais on n'en voit point fur la membrane, qui fe
trouve entre eux.

Au bout du dernier anneau, qui s'appointe peu à peu, il y a un enfoncement, qui reffemble beaucoup à celui, qui fe trouve à la partie antérieure de la
tête, à cela près qu' il le furpaffe en grandeur. Dans cet enfoncement l'on voit
une demi-boule, qui a l'air d'être enchaffée en écaille, et fur cette demi-boule on
voit quelque chofe, qui du premier coup d'oeil pourroit peut-être difpofer tout
obfervateur, qui ne fût pas qu'il eût devant lui une mouche mâle, de la prendre
pour la fémelle, vû que du refte il reffemble beaucoup à une coquille fermée.
Une legére compreffion du corps entre les doigts ou entre la branche à tracer
faite avec addreffe, étâle bientôt ces parties, et leur donne une forme tout à fait
différente. Non feulement la demi-boule, qui auparavant étoit immobile *Pl. III.
Fig. 29. q.* en eft pouffée de fa place, et forcée de defcendre, mais auffi elle s'élar-
git *Pl. IV. Fig. 35. q.* parceque deux bras courts, qui ont leur articulation près
de *s. s.* s'élevent, ce qui fait voir une ouverture triangulaire du corps, et fait en
même tems, que l'anus *r*, lequel ci-devant étoit la coquille fermée, s'ouvre et
fe préfente plus diftinêtement. Dans cette ouverture triangulaire, au travers de
laquelle on peut voir le dedans du corps, on découvre de tems en tems un petit
corps conique, qui ne fauroit être autre chofe, que la partie qui caraêterife la
mouche mâle. Je dis, que ce n'eft que quelque fois, qu'on le découvre, puifqu'
entre au delà de vingt mouches, que j'ai facrifiées à ma curiofité, je n'ai reüffi
que dans trois de faifir leur corps de façon à faire paroître cette partie. Au def-

fus

fus de la demi-boule ouverte on voit encore une partie très remarquable *t*. Sa forme reffemble à celle d'une houë, ou plûtôt d'un certain inftrument, dont les païfans fe fervent pour hacher les raves, et qu'ils appellent le hachoir, et fa conftruction eft propre à un double mouvement, l'un qui réleve la houë, et l'autre qui approche les deux crochets l'un de l'autre, de façon, que bien des fois ils fe joignent. C'eft avec cette partie, dont le volume eft affés grand, pour faifir le corps de la fémelle, que fe fait probablement la première attaque, pour faire fortir la tarriére de la fémelle, dont nous allons bientôt parler plus au long, et pour la placer entre les deux branches *s. s.* Lorsque l'on emporte enfin le dernier anneau à l'aide d'une petite pince, on met en vuë les deux tefticules invifibles fans l'aide d'un microfcope, et femblables à des pepins de poire, avec une partie des boyeaux *Fig.* 36. Mais avant que de connoître de plus près le Mechanisme admirable de toutes ces parties de la mouche mâle, dont nous venons de donner la défcription, il nous faut examiner la partie, qui caractérife la mouche fémelle, ou le tuyeau deftiné à la ponte des oeufs. Une legére compreffion du corps de la mouche fémelle entre les doigts fuffit, pour mettre en vuë cette partie dans l'inftant, et pour la faire fortir, tandis qu'auparavant elle étoit tout à fait cachée dans le corps de la mouche, *Pl. II. Fig.* 21. *d.* Cette partie, qui caractérife le fexe de la mouche fémelle *Pl. IV. Fig.* 37. et 38. eft un long tuyeau compofé de fix parties, qui peuvent fortir et rentrer les uns dans les autres, comme celles d'une lunette à longue vûe. Ces parties 1. 3. 5. étant groffies à ce point, fe préfentent comme une peau chagrinée, mais au travers de N°. I. l'on voit, qu'elles font garnies de poils très pointus, dont la direction va vers le corps, comme je repréfente cela *Fig.* 39. *t.* Mais le trois autres féparations 2. 4. 6. font tout à fait polies, et en différentes places la membrane fine, qui fait leur fubftance, eft auffi transparente, que l'on voit à travers les petits tuyeaux et les vaiffeaux Sur le dehors de la membrane de ces parties il y a deux petits bâtons ou plûtôt deux écliffes étroites d'une fubftance presque écailleufe ou offeufe, qui fervent à dreffer les parties molles du tuyeaux, quand il s'allonge, et qui peut-être y contribuent le plus. Du côté inférieur *Fig.* 38. elles ne font que fimples à la feconde et à la quatriéme piéce, et ce n'eft que la fixiéme, qui les a doubles. Mais du côté fupérieur *Fig.* 30. elles commencent par une fimple origine près de la feconde piéce, fe fendent fur cette piéce en fourche, et pourfuivent en double raye leur direction jusqu' au bout. Les écliffes d'embas paffent entre des cordes très fines, qui font tenduës au deffus d'elles, ou entre lesquelles elles font comme lacées Les écliffes du côté d'enhaut, lequel durant l'accouplement devient celui de dedans, vû qu'alors le tuyeau fe replie vers enhaut, n'ont point de pareilles cordes, du moins n'en ai-je pas pû découvrir. Auffi feroient-elles fuperfluës, parceque pendant l'inflexion du tuyeau elles s'appliquent du côté creux, et par là n'ont qu' à faire fortir et qu' à foutenir les piéces molles; tandisque les écliffes d'embas, qui s'appliquent en dehors à la partie convexe,

G

élevent

élevent et foutiennent la membrane fine, pour empêcher les canaux des piéces de s'affaiffer, et par là pour tenir ouverte l'entrée de l'ovaire. Du côte fupérieur de la troifiéme et de la cinquiéme piéce l'on voit quelques grands mamelons bruns compofés d'autres plus petits, qui font placés entre d'autres mamelons fimples, et qui tous font garnis de poils roides, dont la direction va vers le corps. Sur la fixiéme piéce on en compte encore quatre. Entre le plus haut de ces derniers, et la petite écaille *w.* qui eft au deffous, dont la fubftance eft analogue à la corne, et qui eft pourvuë de crochets, fe trouve la veritable partie, qui caractérife la mouche fémelle. Mais il s'en faut bien, qu'on puiffe la mettre en vuë *Fig.* 40. *u.* même par le fecours de la plus forte loupe, puisqu'il y a bien longtems, que je l'ai cherché fans la trouver, jusqu'à ce que je me fois avifé enfin de faire un effai, fi je pourrois faire fortir les oeufs du corps de la mouche par la tarriére. Cela me reüffit dans la troifiéme fémelle, que je facrifiois à ma curiofité, lorsque par la preffion d'une aiguille, je fis paffer les oeufs du corps dans la tarriére, et qu'en continuant une legére preffion d'une piéce à l'autre, je les vis fortir *z.* près de *u.* en préfence de quelques perfonnes, qui affiftoient avec admiration à cette experience. En même tems l'on voit les crochets cachés *Fig.* 40. *w.* de l'écaille *Fig.* 38. *w.* et entre les deux mammelons inférieurs oblongs l'anus *x,* qui étoit couvert auparavant par la valvule *Fig* 39. *y.*

Je ne fai pas par quel hazard Mr. Ledermüller a été porté à deffiner et à repréfenter ce petit tuyau, quoique écrafé, pour le membre viril de la mouche *. Cependant j'avoue, que l'idée, que j'avois de fa connoiffance en fait d'Hiftoire naturelle, m'auroit presque fait prendre le change là deffus, fur tout après avoir lû, qu'il avoit même crû y voir d'animalcules Spermatiques, fi je n'avois appris le contraire, même avant mes propres recherches, de Schwammerdam, de Baker et de Mr. de Réaumur, et que je n'euffe trouvé dans ce dernier, que même depuis 2000. ans Ariftote avoit fait la defcription de ce tuyau, comme de la partie, qui caractérife la mouche fémelle. Mais je ne fais cette remarque dans aucun autre deffein, que celui d'empêcher ceux de mes lecteurs, qui peut-être n'ont lû que les Recréations de Mr. Ledermüller, fans avoir lû les autres ci-deffus nommés de me reprocher, de leur avoir rapporté une obfervation fauffe à la place d'une obfervation vraie.

Cependant la nature a presque fait prendre le change d'une autre maniére à Mr. de Réaumur, tout clair voyant qu'il étoit, lorsqu'il fait la conclufion de l'accouplement des mouches, que c'eft ici de même, que l'Auteur des machines fi petites s'eft plû à en varier les conftructions, ce qui peut bien être dit de tous les appareils, qui fe font pour cette action, mais aucunement de l'action même, comme Mr. de Réaumur le fuppofe. Car quoique nous voyons l'exception de cette regle en ce que la partie de la fémelle *Fig.* 38. s'inſére dans le corps de la
mouche

---

* *Mart. Froben. Ledermüller* Récréations de l'esprit et des yeux IIIme Cinquantaine pag. 61.

mouche mâle, cela ne fe fait pourtant, qu'afinque la plus intime jonction des deux fexes puiffe fe faire en cachette. Cette même regle fait auffi, que dans cette affaire, qui concerne la multiplication de la race, la mouche mâle foit l'aggreffeur. C'eft par cette raifon, qu'elle vole fur le dos de la mouche femelle, et lui baiffe la téte un peu, en la preffant de fa trompe. Après ce premier effai, de favoir fi la mouche fémelle approuve fon entreprife, elle en vient au fecond, en ce qu'elle tâche de placer le dernier anneau de fon corps au deffous de celui, qui eft le dernier de la mouche fémelle. En cas que la mouche fémelle foit dejà fécondée, ou que d'ailleurs elle ne foit pas d'humeur de recevoir les careffes de la mouche mâle, elle ne fait aucun mouvement, ce qui fuffit, pour faire entendre à la mouche mâle, qu'elle n'a qu'à chercher fortune ailleurs. Mais lorfque la mouche fémelle eft difpofée à les recevoir, elle pouffe un peu en dehors fa tarriére, pendant le premier effai du mâle, dont celui-ci fe faifit dans l'inftant par le fecond effai, ferrant le corps de la fémelle par enhaut, à l'aide de la plaque *Fig.* 35. *t.* et loge alors la tarriére, qui par là s'allonge de plus en plus *Fig.* 38. entre les deux branches *Fig.* 35. *s. s.* pour en faire entrer une piéce après l'autre dans fon corps. C'eft de cette maniére que s'introduit toute la tarriére dans le corps du mâle par l'ouverture triangulaire *Fig* 35. où elle fe replie en trébuchet, de façon, que la partie de la fémelle *Fig.* 38. *w.* s'applique directement contre le membre viril *u*, qui fe préfente dans l'ouverture triangulaire *Fig.* 35. & que par là fe fait l'introduction de l'un dans l'autre. Tout ce qui fe paffe alors dans l'intérieur du mâle eft un myftere, dont la nature feule s'eft refervé la connoiffance. Cependant nous pouvons juger par le dehors, que ce ne foit pas fans raifon, que la petite écaille *Fig.* 38. *w.* eft armée de deux crochets, et que par là elle eft probablement deftinée à faifir le membre viril dans le corps du mâle, et de le faire entrer dans la partie de la fémelle de la même maniére, que ci-devant la tarriére a été introduite dans le corps du mâle à l'aide de la plaque *Fig.* 35. *t.* et des deux branches *s. s.* Après que cela s'eft fait, il ne dépend plus des deux mouches de fe féparer l'une de l'autre. Cela eft très-aifé à comprendre, fi nous refléchiffons fur les crochets renverfés de la 1re 3me et 5me piéce *Fig.* 39. *t*, fur leurs mamelons garnis de poils, fur les crampons et les pinces des parties genitales des deux mouches, et en enfin fur tout ce que nous venons d'en rapporter. C'eft par cette raifon, que la tarriére, qui probablement pendant cette action eft gonflée, ne fauroit fe retirer, jusqu'à ce qu'elle s'affaiffe, et que toutes les attaches foient defaites. Car lorfque nous attrapons deux mouches accouplées, ce n'eft jamais fans force, que nous les féparons l'une de l'autre; où nous voyons en même tems fortir peu à peu la tarriére du corps du mâle. Mais auffi j'ai obfervé, qu'il ne tient pas au mâle feule de quitter la fémelle, après que la tarriére eft introduite dans fon corps, lorfque je tuois la mouche fémelle fous le mâle, et que je vis les deux mouches accouplées pendant une demi-heure, avant que le mâle eût pú fe défaire de la fémelle morte Autant de vivacité et de chaleur, que la mouche mâle fait voir pendant la premiére attaque et le commen-

G 2

men-

mencement de l'accouplement, avec autant de foibleffe et de langueur refte-t-elle
après fur le dos de la fémelie. Elle y eft comme accrochée, puisqu' elle a en-
foncé les crochets de fes deux pieds de devant dans le dos ou dans le corcelet
de la fémelle, et les quatre fuivants, dont les deux derniers fe croiffent, au deffous du ventre. Dans cette attitude la fémelle exerce un pouvoir abfolu fur le
mâle, qu'elle emporte en volant ou en courant, où bon lui femble.

Je ne faurois determiner exactement le tems, que les deux mouches reftent
accouplées, puisque j'ai manqué de me faifir de celles, qui s'étoient accouplées,
en ma préfence. Je ne faurois rien dire là deffus, fi non, que quelques unes,
que j'avois attrapées, après qu'elles furent accouplées, ne fe font feparées l'une
de l'autre qu'après deux heures entiéres. Avant que cela fe faffe, le mâle defcend
du dos de la fémelle, et fe place fur la même ligne avec elle, dont les deux têtes
font les deux bouts. Les deux mouches uniffent alors leur force pour fe féparer l'une de l'autre, et elles reüffiffent enfin, et fe rendent reciproquement la
liberté.

Le huitiéme jour après l'accouplement eft le terme, où la mouche depofe
fes oeufs. Elle commence même quelque fois vers le feptiéme jour à pondre
fix ou fept oeufs. J'ai fait cette obfervation fur des mouches, que j'avois attrapées accouplées, et que j'ai foigneufement gardées et nourries dans un verre.
Mais cela ne s'entend que des mouches, qui s'accouplent en été. Dans l'automne
bien avancé, comme vers la fin du mois d'Octobre je n'ai pas vû un feul oeuf de
quatre mouches fémelles, puisque je les ai trouvé mortes la plûpart le cinquiéme ou le fixiéme jour après l'accouplement. Lorsque la mouche a le choix de
depofer fes oeufs, où elle veut, comme dans mon poudrier rempli de fégle pourri, dont j'ai fait mention au commencement de ce Traité, elle examine auparavant avec beaucoup d'attention toutes les places, et ne choifit, que celle, où elle
croit, que fes oeufs fe confervent, et que fa pofterité fera bien gardée. Trop
d'humidité ne ferviroit qu' à noyer les oeufs et les vers, et fur une place, qui
fût trop peu humide, ils fe fecheroient. Après avoir trouvé la place, qui ne foit
ni trop humide, ni trop feche, elle allonge fa tarriére, la baiffe, et pond fes oeufs
l'un à côté de l'autre, et l'un fur l'autre, auffi reguliérement, que les doigts les
plus adroits le pourroient faire avec des objets d'un plus gros volume. Pendant cette occupation elle eft tout à fait tranquille, fans remuër une feule partie
de fon corps, à la tarriére près. Elle femble même pendant ce tems là être en
extafe, parce qu'elle n'a point peur, quand même on s'approche d'elle autant
qu'on veut, pourvû qu'on fe garde de la toucher. A l'ordinaire il lui faut pour
cet ouvrage un demi quart d'heure, ou quelques minutes de plus ou de moins.
Dans ce tems elle pond 70. 80. ou 90. oeufs. C'eft autant, que j'en ai compté en
différentes obfervations.

Quoi-

Quoique les mouches, dont j'ai parlé ci-deſſus, et que j'avois enfermées pour apprendre le tems de la groſſeſſe des fémelles, ne vouloient plus s'accoupler après une priſon d'au delà de ſix ſemaines, il n'y a pourtant pas lieu de douter, qu'ayant vecu encore auſſi longtems, et n'étant pas mortes après l'accouplement, comme les papillons, elles n'euſſent pas différé de s'accoupler de rechef, ſi elles avoient été en liberté. Cependant je tire la concluſion en genéral, que cela ſe doive faire pluſieurs fois tout le long de l'été, de la grande quantité de mouches, qui ſont ſorties de mon poudrier dans mon appartement, pendant l'eſpace d'environ deux mois, et qui naturellement n'ont eû qu'un très petit nombre d'ancêtres, par ce qu'auparavant je n'y ai point vû une ſeule mouche, et qu'il n'en pouvoit point entrer de dehors, puiſque c'étoit en hyver, que cela ſe fit. Outre cela on n'écraſera que très rarement le corps d'une mouche fémelle en printems ou en été, ſans le trouver rempli d'oeufs. Or ſi nous n'acceptons que le nombre mitoyen des oeufs, qui une mouche pond à la fois, et que nous ſuppoſons, que l'accouplement de la premiére paire de mouches ne ſe faſſe que quatre fois dans un été, il en provient pourtant ſelon le calcul ſuivant une ſomme aſſés conſiderable, pour nous ravir en admiration.

Une mouche fémelle pond quatre fois le long de l'été, chaque fois 80. oeufs fait　—　—　320. mouches.

Or, l'on ſuppoſe, que la moitié en ſoit des fémelles, de ſorte, que chacune de ces quatre pontes, fait naître 40. fémelles.

1.) Le premier huitiéme, ou le 40. fémelles de la premiére ponte pondent encore quatre fois dans cet été, ce qui fait　—　—　—　12800.

Outre cela le premier huitiéme de celui-ci, ou les 1600. fémelles encore trois fois, fait　—　384000.

le ſecond huitiéme deux fois fait　—　256000.

le troiſiéme et le quatriéme huitiéme du moins encore une fois　—　—　—　256000.

2.) Le ſecond huitiéme, ou les 40. fémelles de la ſeconde ponte pondent encore trois fois　—　9600.

Un ſixiéme ou les 1600 fémelles encore trois fois　384000.

le ſecond ſixiéme encore deux fois　—　256000.

le troiſiéme ſixiéme encore une fois　—　128000.

3.) Le troiſiéme huitiéme de la premiére ponte, ou 40. fémelles pondent encore deux fois　—　6400.

Le quart, ou 1600. fémelles, qui pondent encore deux fois　—　—　256000.

4.) Le quatriéme huitiéme de la premiére ponte, ou 40. fémelles encore une fois　—　—　3200.

La moitié, ſavoir 1600. fémelles pondent pour le moins encore une fois　—　—　128000.

Somme totale　2080320.

H

Or

Or il peut bien perir telle centaine de la premiére ponte et des fuivantes, avant qu'elle puiffe fe multiplier, eu égard au grand nombre de leurs ennemis, entre lesquels je ne veux nommer que les oifeaux et les araignées Mais combien de milliers ne proviendroient-ils pas de plus, fi la ponte de la premiére mouche fémelle ne fe faifoit qu'une ou deux fois de plus, que nous l'avons fuppofé ici? Quel bonheur n'eft-ce pas pour ceux, qui par exemple craignent les chauve-fouris, qu'elles ne leur voltigent pas à l'entour de la tête, comme les mouches, et que le createur a renfermé leur multiplication dans des bornes plus étroites, que celle des mouches, dont la fécondité eft fi grande. Ne nous faut-il pas admirer avec reconnoiffance fa fageffe, qui n'a donné une fécondité auffi grande, qu'aux infectes, qui la plûpart fe detruiffent entre eux, et dont la grande quantité n'eft jamais remarquable dans fa proportion, à caufe du petit volume de leur corps vis-à-vis l'éspace immenfe de l'atmosphére, tandisqu'une multiplication auffi nombreufe de plus grands animaux feroit bientôt un defert de la terre. Mais en cas, que quelqu'un juge mon calcul exorbitant, je l'addreffe à Mr. Ledermuller *, qui a même calculé 255394552. defcendans d'un mouche fémelle; mais auffi a-t-il fuppofé que l'accouplement fe faffe fix fois, et que chaque ponte confifte en 140. oeufs, que je n'ai pourtant jamais trouvés, quoique j'aye fait pour cette effet au delà de vingt recherches, et que le plus fouvent j'aye été préfent à la ponte. Schvvammerdam a bien compté 140. oeufs dans le corps d'une mouche, qu'il nomme la mouche de bétail; mais felon la repréfentation, qu'il en a donnée, elle a le quadruple de la grandeur de la mouche commune des nos appartemens. Pour me mieux juftifier je ne veux que prier ceux, qui tout de bon font en doute fur la poffibilité que mon calcul foit exact, de chercher dans les Memoires pour fervir à l'Hiftoire des Infectes de Mr. de Réaumur **, où ils trouveront une mouche vivipare, qui avoit 2000. vers dans fon corps, lorsque Mr. de Réaumur le lui ouvrit.

La grande quantité de mouches, qui fouvent nous tourmente affés tout le long de l'été pour nous obliger d'inventer bien des expediens, pour nous défaire de ces compagnons incommodes, prouve evidemment, ce que je viens de rapporter fur l'incroyable multiplication de ces infectes. Vers l'automne leur nombre diminue de foi même, et pour peu, qu'il faffe un peu froid quelques jours, elles tâchent de fe cacher dans les fentes des murailles, derriére les tapifferies, ou au deffous du refte de l'ameublement. Chaque lueur de foleil les fait fortir, et s'affembler fouvent en très grand nombre fur les fenêtres. Lorsqu'enfin la faifon eft rude et froide, elles s'engourdiffent, à ce qu'on dit, et elles font foibles au point, qu'on peut les prendre aifément avec la main. Elles ne peuvent donc pas plus refifter au froid, étant mouches, qu'elles ne l'ont pû dans leur état de

vers,

---

* Récréations de l'esprit et des yeux IIIme cinquantaine pag. 66,
** Tom. IV. Part. 2. pag. 171.

vers, et celles, qui manquent de se choisir à tems une demeure temperée, doivent payer cette imprudence de leur vie. Elles se réfugient donc probablement
en plus grande partie vers les écuries chaudes, et dans les appartemens, qui sont
échauffés jour et nuit, comme par exemple ceux des cabarets, où l'on les trouve
souvent en grand nombre tout le long de l'hyver, pourtant plus dans les appartemens, qui sont à rez de chauffée, que dans ceux des étages élevés. Elles ne
manquent pas ici de se multiplier du moins en petit, jusqu' à ce que le printems
leur permette de le faire en gros.

Je me repens d'avoir manqué de garder quelques mouches nouvellement
nées dans un verre, et de les nourir, pour savoir l'age, qu'elles peuvent attein-
dre. Cependant il sera très aisé à tous les amateurs de l'histoire naturelle de dé-
terminer cela par leur propre experience, vû que ces récherches sont d'autant
moins penibles, que les mouches se contentent de toute sorte d'alimens, et qu'
elles ne perissent point, quand même elles passent un ou deux jours sans nourriture. Car j'ai vû survivre le quatriéme jour à quelques mouches, que j'avois
laissées dans le poudrier, où elles étoient sorties de la coque, et qui étoit couvert
d'un papier troué, sans avoir pris la moindre nourriture.

Explication des Figures.
Planche I.

Fig. 1. Quelques oeufs de mouche sur les grains de Ségle pourri, de grandeur
   naturelle.

Fig. 2. Ces mêmes oeufs grossis à l'aide d'une médiocre loupe.

Fig. 3. Un oeuf de mouche plus grossi.

Fig. 4. Un ver de mouche parvenû à sa perfection de grandeur naturelle.

Fig. 5. Ce même ver grossi.

   a. le crochet à la tête.

   c. c. deux stigmates, qui sont les extrémités des trachées.

   d d. les places, où les deux stigmates antérieurs, qui sont les bouts des
   trachées, debordent, mais que l'on ne peut voir par ce grossissement.

   f. les duvets des anneaux, qui servent de pied au ver.

   ff. l'anus.

Fig. 6. La partie antérieure du ver très en grand, pour mettre en vuë l'un des
   stigmates antérieurs jaunes *d. d.* de la Figure précédente.

Fig. 7. Les deux stigmates *Fig.* 5. *c. c.* très grossis.

Fig. 8. Le crochet, *Fig.* 5. *a.* dans sa machoire écailleuse, et dentelée, très grossi.

Fig. 9. Ce même crochet de grandeur naturelle.

H 2

Fig. 10.

Fig. 10. Une crifalide de mouche, de grandeur naturelle.

Fig. 11. Cette même crifalide groffie.

    e. e. Les deux ftigmates *Fig.* 5. *d. d.*

    g. Un enfoncement formé en guirlande.

    h. h. la calotte de la crifalide.

    i. la partie poftérieure de cette crifalide.

    k. k. les ftigmates *Fig.* 5. *c. c.*

Fig. 12. Une crifalide, que la mouche a ouverte, un peu groffie.

Fig. 13. La calotte de la crifalide, vûe en dedans.

    b. le crochet de la tête *Fig.* 5. *a.* dont le ver s'eft defait.

    o. o. deux piéces de la trachée, dont le ver s'eft pareillement défait.

Fig. 14. Une crifalide de cinq ou fix jours, ouverte, pour mettre en vuë la nymphe, qui y eft enfermée.

    m. m. les couvercles des vaiffeaux, qui infpirent l'air.

Fig. 15. La nymphe, qui s'eft développée en mouche.

    n. n. la liqueur claire, qui eft à l'entour de la mouche.

Fig. 16. La tête d'une mouche, qui tâche de fortir de la coque.

Fig. 17. Les trois yeux fur la partie poftérieure de cette tête très en grand.

Fig. 18. Une mouche, qui vient de fortir de la coque.

Fig. 19. Cette même mouche de grandeur naturelle, telle, qu'elle fe préfente, quand elle court.

Planche II.

Fig. 20. La même mouche *Fig.* 19. qui vôle, après avoir deployé fes aîles, de grandeur naturelle.

Fig. 21. Cette même mouche groffie.

    a. Un infecte, que l'on voit très fouvent fur les mouches.

Fig. 22. La peau écailleufe de la tête d'une guêpe de grandeur naturelle.

Fig. 23. Cette même peau groffi.

Fig. 24. L'un des trois yeux fur la partie poftérieure de la tête d'un bourdon très en grand.

    b. b. Les poils du bourdon.

Fig. 25. L'un de ces yeux, tel qui fe préfente après qu'on a emporté la peau écailleufe de la tête du bourdon.

Planche III.

Fig. 26. Une petite piéce de l'aîle d'une mouche, très groffie.

Fig. 27. La mouche vûe de côté, pour faire voir la connexion de la veficule refonnante avec les aîles, et la véritable forme de la premiére.

Fig. 28. Un pied d'une mouche très en grand.

Fig. 29. La mouche mâle couchée fur le dos.

    a. La trompe recourbée.

    b. les deux antennes dans leurs cavités.

    d. d. les poils roides fur les antennes.

    n. n. les deux ouvertures pour l'entrée de l'air.

    o. o. deux autres ouvertures pour l'iffue de l'air.

    p. p. les veficules refonnantes avec les baguettes.

    q. la demi-boule écailleufe, fur laquelle on voit l'anus.

Fig. 30. La tête de la mouche repréfentée de côté.

    b. une cavité pour les antennes.

    c. les antennes.

    d. les poils roides fur les antennes.

    e. la premiére partie, ou le fachet de la trompe allongée.

    f. les deux broffes de la trompe.

    g. le tuyeau de la trompe.

    h. les levres de la trompe.

    i. le rebord charnu, duquel les levres font bordées.

    k. le petit os écailleux fupérieur.

    l. le petit os écailleux inférieur.

    m. l'ouverture pour le paffage des alimens.

    n. l'une des ouvertures des trachées de la Figure précédente *n. n.*

Planche IV.

Fig. 31. La trompe, telle, qu'elle fe préfente de deffous.

Fig. 32. Les deux petits os écailleux ferrés, après que l'on a emporté le tuyeau
    Fig. 30. *g.*

Fig. 33. Ces mêmes os écartés.

Fig. 34. L'une des deux baguettes *Fig.* 29. *p.* très en grand.

I

Fig. 35.

Fig. 35. Les parties de generation de la mouche mâle *Fig.* 29. écartées.

    q. La demi-boule *Fig.* 29. *q.* changée et gonflée par la compreffion de la branche à tracer.

    r. l'anus, qui de même s'eft ouvert.

    s. s. les deux articulations des petites branches, qui s'élevent.

    t. la plaque d'enhaut, à deux mouvemens particuliers.

    u. la partie, qui caractérife la mouche mâle.

Fig. 36. Les tefticules de la mouche mâle.

Fig. 37. La tarriére de la mouche fémelle feparée du corps, en grandeur naturelle.

Fig. 38. Cette même tarriere du côté de deffous repréfentée en grand.

    1. 2. 3. 4 5. 6. Les piéces de cette tarriére.

    u. la partie, qui caractérife la mouche fémelle.

    w. une petite plaque écailleufe armée de crochets, placée au deffus de cette partie.

    z. Un oeuf, qu'on a fait fortir de la tarriére par la compreffion.

Fig. 39. Quatre piéces de la tarriére, vuës par enhaut.

    t. La troifiéme féparation, très groffie, pour mettre en vûe les crochets renverfés, dont les féparations 1. 3. 5. font garnies.

Fig. 40. La derniére piéce de la tarriére, qui n'eft pas affés comprimée par deffous, pour faire fortir l'oeuf *z,* et les crochets de la plaque écailleufe *Fig.* 38. *w.*

Note.

Les Chiffres Romains, qui font du côté gauche des Figures, indiquent les Nro. des verres, dont on s'eft fervi pour groffir et pour deffiner ces Figures. On trouvera le calcul des degrés de la force de ces verres dans l'Introduction de mes Nouvelles Découvertes dans le Régne Végétal, pag. 6.

BIBLIOTHEQUE ROYALE

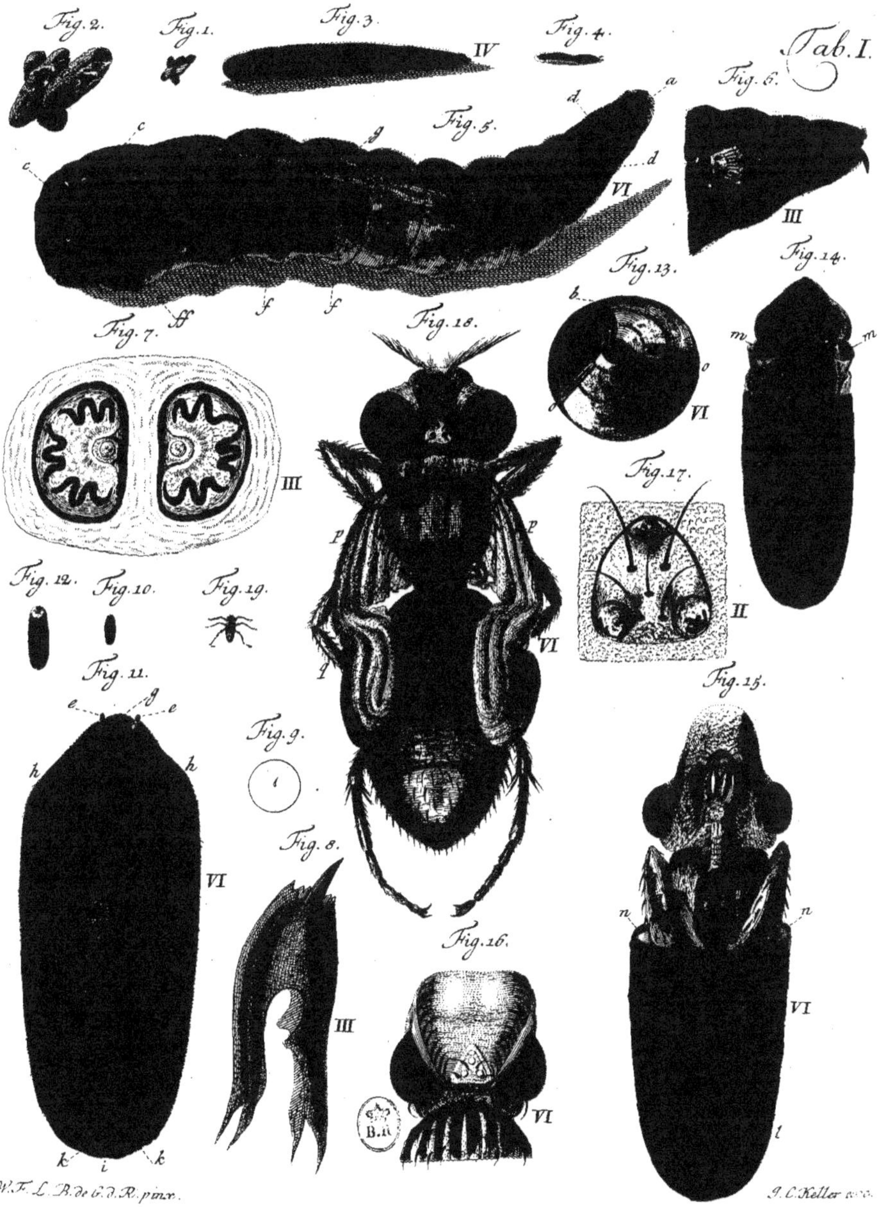

Fig. 2.
Fig. 1.
Fig. 3.
IV
Fig. 4.
a
d
Tab. I.
Fig. 6.
c
g
Fig. 5.
d
VI
c
III
ff
f
f
Fig. 13.
b
Fig. 14.
Fig. 7.
m
m
o
III
g
VI
Fig. 18.
Fig. 17.
p
p
Fig. 12.
Fig. 10.
Fig. 19.
II
VI
q
Fig. 11.
Fig. 15.
e
g
e
Fig. 9.
h
h
VI
n
n
Fig. 8.
III
VI
Fig. 16.
k
i
k
VI
l
W. F. L. B. de G. d. R. pinx.
J. C. Keller sc.

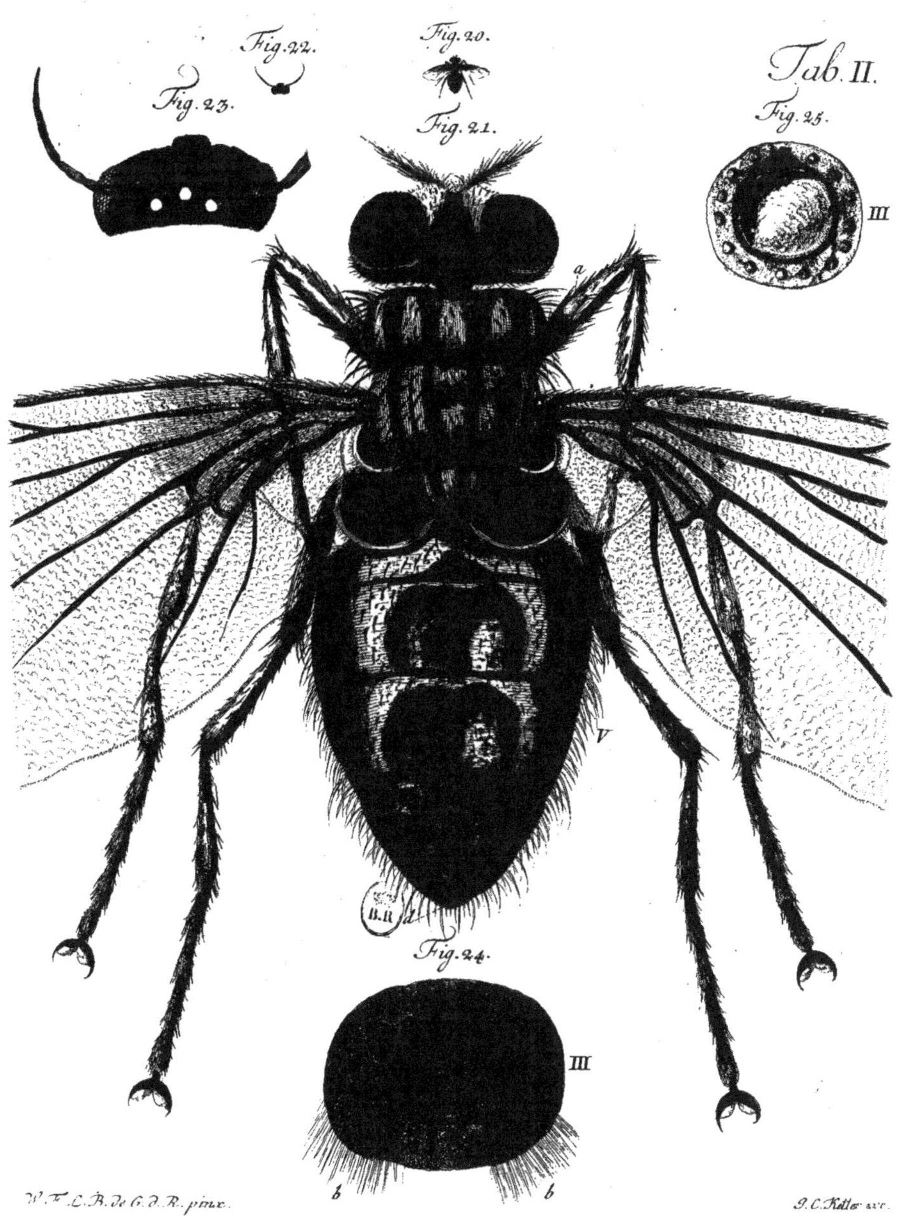

W. F. C. B. de G. d. R. pinx.
J. C. Keller sc.

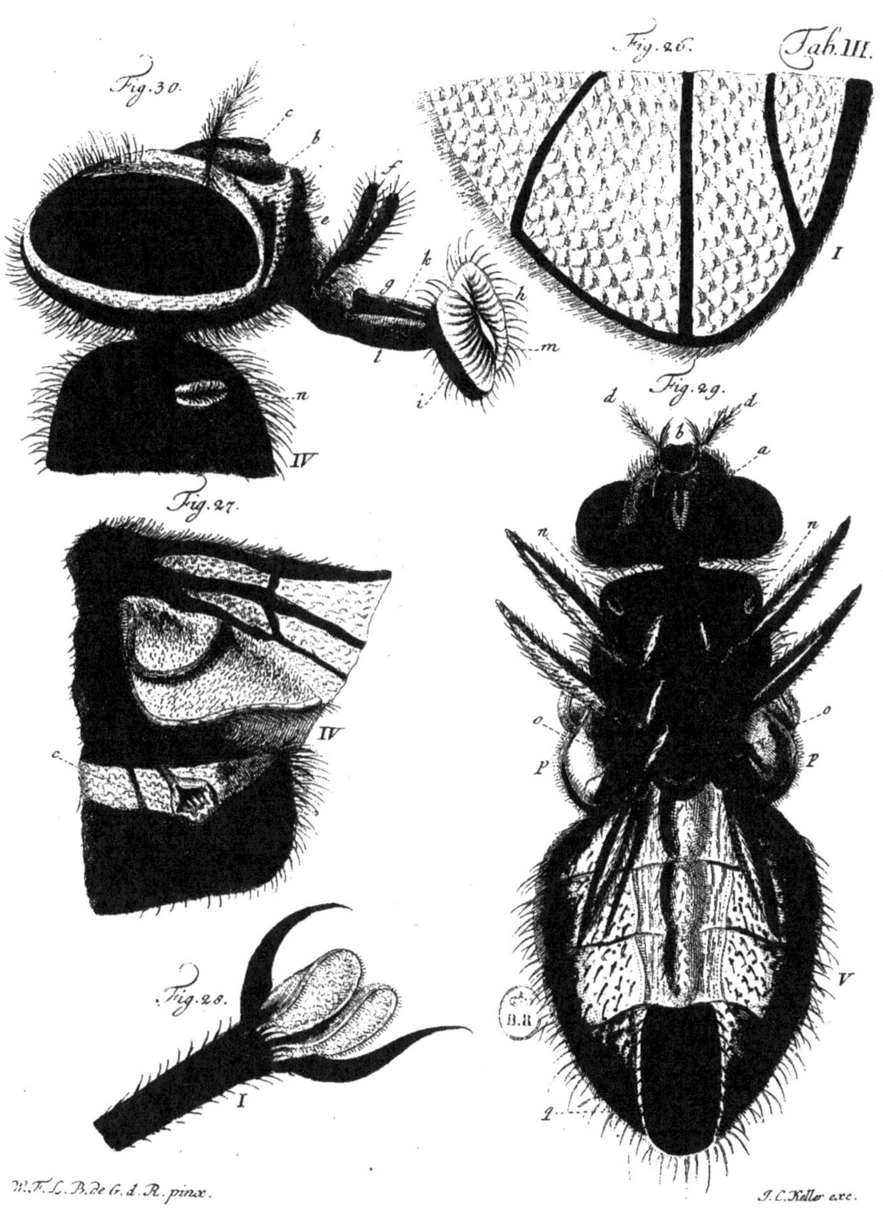

Fig. 30.
Fig. 26.
Tab. III.
Fig. 29.
Fig. 27.
Fig. 28.
W. F. L. B. de G. d. R. pinx.
J. C. Keller exc.
B.R

Fig. 31.
Fig. 32.
Fig. 36.
Tab. IV.
Fig. 33.
Fig. 35.
Fig. 38.
Fig. 39.
Fig. 37.
Fig. 34.
Fig. 40.
W. F. L. B. de G. d. R. pinx.
I. C. Keller exc.